Anja Engelhardt

Methoden-Schule Deutsch

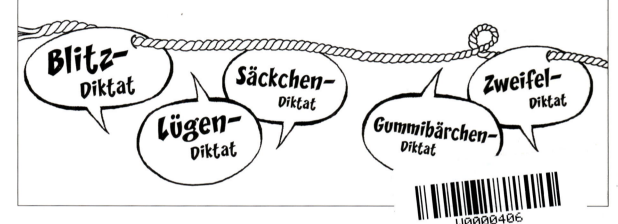

Diktatformen, die Spaß machen

Blitz-Diktat

Lügen-Diktat

Säckchen-Diktat

Gummibärchen-Diktat

Zweifel-Diktat

W0000406

Verlag an der Ruhr

Impressum

Titel:	*Methodenschule Deutsch* **Diktatformen, die Spaß machen**
Autorin:	Anja Engelhardt
Druck:	Druckerei Uwe Nolte, Iserlohn
Verlag:	Verlag an der Ruhr Alexanderstraße 54 – 45472 Mülheim an der Ruhr Postfach 10 22 51 – 45422 Mülheim an der Ruhr Tel.: 0208/4395450 – Fax: 0208/43954239 E-Mail: info@verlagruhr.de **www.verlagruhr.de**

© **Verlag an der Ruhr 2006**
ISBN 978-3-8346-0179-7

**geeignet für
die Klasse**

Die Schreibweise der Texte folgt der neuesten Fassung
der Rechtschreibregeln – gültig seit August 2006.

**Ein weiterer
Beitrag zum
Umweltschutz:**

*Das Papier, auf das
dieser Titel gedruckt ist, hat
ca. **50% Altpapieranteil,**
der Rest sind **chlorfrei**
gebleichte Primärfasern.*

Wir sind seit 2008 ein ÖKOPROFIT®-Betrieb und setzen uns
damit aktiv für den Umweltschutz ein. Das ÖKOPROFIT®-Projekt
unterstützt Betriebe dabei, die Umwelt durch nachhaltiges
Wirtschaften zu entlasten und Kosten zu senken.

Inhaltsverzeichnis

Sofort einsetzbare Arbeitsblätter:

Vorwort

Ein **guter Rechtschreibunterricht** lebt von der Kenntnis der **Rechtschreibstrategien**. Diese befähigt die Schüler* zu selbstständiger Rechtschreibung, indem sie die Strategien auf andere Bereiche übertragen können. Dies kann gut durch die Mappe **Methodenschule Deutsch: Rechtschreibstrategien** (vgl. Literaturtipps S. 68) gelingen.

Ein guter Rechtschreibunterricht lebt aber ebenso von einer vielseitigen, differenzierten, individuellen und motivierenden Übung und Festigung der vermittelten Rechtschreibstrategien. Dies soll zusätzlich durch diese Mappe **Offene Diktatformen zu den Rechtschreibstrategien** ermöglicht werden. Beide Bände ergänzen sich und decken einen weiten Bereich des modernen Rechtschreibunterrichts ab.

Beschreibung offener Diktatformen
(S. 5–10)

Dieses Kapitel stellt viele Diktatformen (alphabetisch sortiert) vor und erläutert diese kurz. Sie finden hier viele Anregungen für eigene Diktate, die Sie auf Ihre Klassen oder das Lernwörtermaterial zuschneiden können. Manche Formen werden Ihnen in dieser Mappe bei bestimmten Themen wieder begegnen, sie können aber auch bei anderen Themengebieten Einsatz finden.

Anmerkungen zu den Arbeitsblättern
(S. 11–17)

Hier werden Tipps und Informationen zum Einsatz der Arbeitsblätter ab Seite 19 gegeben. Listen passenden Wortmaterials und zusätzliche Informationen und Anregungen können Ihnen bei dem Einsatz der Arbeitsblätter helfen.

Direkt einsetzbare Arbeitsblätter
(S. 19–54) **inkl. Lösungen** (S. 55–67)

Hier finden Sie eine Vielzahl von Arbeitsblättern mit offenen Diktatformen, die direkt im Unterricht eingesetzt werden können. Diese sind passend zu den Strategien und Arbeitstechniken des aktuellen Rechtschreibunterrichts konzipiert. Die Arbeitsblätter lassen sich im Klassenunterricht, in Freiarbeit, in offenen Unterrichtsphasen und im differenzierten Förderunterricht einsetzen. Innere Differenzierung, die Selbsttätigkeit und der handelnde Umgang werden ebenso angesprochen wie die abwechslungsreiche Übung. Verschiedene Kanäle (je nach Thema) werden einbezogen und auch die motorische Komponente (Bewegung) kommt nicht zu kurz. Motivation wird immer wieder geweckt (z.B. durch ansprechende Übungsformen wie das Gummibärchendiktat). Eine Verbindung zum freien Schreiben wird des Öfteren hergestellt. Besonders das Eigendiktat für Ihre Klasse spricht die Schüler dabei stark an. Bei den Kopiervorlagen steht zudem das selbstständige Denken immer wieder im Mittelpunkt. Die gewählte Diktatform steht meist in engem Zusammenhang mit der angestrebten Rechtschreibstrategie. Wert gelegt wird auch auf die Selbstkontrolle der Texte. Die Schüler müssen den Wert eines fehlerfreien Textes als Kommunikationsmittel erkennen und selbst eine korrekte Schreibweise anstreben. Dies braucht grundlegend die Fähigkeit, eigene Fehler zu finden.

© Verlag an der Ruhr · Postfach 102251 · 45422 Mülheim an der Ruhr · www.verlagruhr.de · ISBN 978-3-8346-0179-7

Beschreibung offener Diktatformen

Bilddiktat

Statt Wörter sieht das Kind auf den Kärtchen **Bilder** und soll die Bezeichnungen rechtschreiblich richtig aufschreiben. Diese Form kann schon in den unteren Klassen eingesetzt werden und wirkt **motivierend** durch den **handelnden Umgang mit dem Material**. Man kann so vor allem **Namenwörter** üben, die eventuell auch eine rechtschreibliche Besonderheit aufweisen oder als **Merkwörter** (z.B. Vogel) einfach eingeprägt werden müssen. Auch bei dem Rechtschreibfall der zusammengesetzten Namenwörter kann man hier gute Erfolge verzeichnen.

Diese Form wurde bei folgenden Diktaten eingesetzt:
➜ *Bilddiktat 1 + 2 – **Zusammengesetzte Nomen** (S. 28)*

Blitzdiktat

Das Blitzdiktat ist jederzeit bei allen Lernwörtern nutzbar. Den Schülern werden einzelne Wörter auf **Wortkarten** für wenige Sekunden gezeigt. Dann wird die Karte weggenommen. Die Kinder schreiben die Wörter auf. Nun folgt die nächste Karte.
Zum Schluss zeigt man die Karten wieder, um das Vergleichen zu ermöglichen. So können täglich mit geringem Zeitaufwand ein paar der aktuellen Lernwörter geübt werden. Diese Form spricht besonders den visuellen Typ an und schult zugleich die **Konzentrationsfähigkeit**. Wer nicht schnell und gut hinschaut, der hat keine Chance, das Wort mitzubekommen. Auch die **Lesefertigkeit** kann so auf spielerische Art gesteigert werden. Gut einsetzbar ist diese Form bei ß-Wörtern und allen anderen Merkwörtern, da diese so gut eingeprägt werden können.

Dosendiktat

Bei Dosendiktaten werden einzelne Sätze auf Satzstreifen (Karton/Tonpapier) geschrieben und in Dosen gesteckt. Die Schüler ziehen einen Streifen und diktieren ihrem Partner schrittweise den Satz.

Dann vergleichen sie den Text und der andere Schüler ist mit dem Diktieren an der Reihe. Sie können bei schwachen Kindern auch ein Zeichen vereinbaren, sodass bei einem gemachten Fehler z.B. „Stopp!" gerufen wird und das Kind sein letztes Wort noch einmal überdenken kann. Das Dosendiktat gehört auch zu den **Partnerdiktaten**.
Es wirkt motivierend auf die Kinder, da **handelnder Umgang** mit dem **Material** möglich ist.
Man kann die Kinder die Streifen auch selbst ziehen lassen. Sie merken sich dann den Satz, verdecken den Streifen, schreiben den Satz auf und vergleichen dann. Differenziert wird hier automatisch über die abgeschriebenen Satzstreifen, da der Zeitrahmen begrenzt ist und noch Zeit zum Verbessern der gemachten Fehler in einem vorher festgelegten Rahmen eingeplant werden sollte. Einsetzbar ist das Dosendiktat in allen Rechtschreibbereichen.

Diese Form wurde bei folgenden Diktaten eingesetzt:
➜ *Dosendiktat – **Ableitungen ä/e, äu/eu?** (S. 27)*
➜ *Dosendiktat – **langes i** (S. 46)*

Eigendiktat

Am Ende einer Einheit schreiben die Schüler aus dem Kopf alle Wörter auf, an die sie sich erinnern und bei denen sie von der richtigen Schreibweise überzeugt sind. Hier wird zugleich die **Gedächtnisleistung** geschult. Man kann auch verwandte Wörter oder Reimwörter mit einbeziehen. Dann werden die Wörter gesammelt und verglichen. So werden die Schüler **für Fehler sensibilisiert**. Wie viele Wörter sind falsch, obwohl ich doch von der Schreibweise überzeugt war? Gesteigert werden kann die Sensibilisierung, wenn andere Kinder jeweils die Wörter vergleichen. So wird das Eigendiktat in einem zweiten Schritt zum Fehlersuchdiktat. Das Auffinden von Rechtschreibfehlern wird trainiert.

© Verlag an der Ruhr · Postfach 102251 · 45422 Mülheim an der Ruhr · www.verlagruhr.de · ISBN 978-3-8346-0179-7

Beschreibung offener Diktatformen

Diese Form wurde bei folgenden Diktaten eingesetzt:

➜ *Eigendiktat –* **Herbst-ABC** *(S. 19)*
➜ *Eigendiktat –* **Verben mit -ieren** *(S. 47)*

Als zweite Form des Eigendiktats können **selbstverfasste Diktate** gelten. Die Kinder bilden mit einem Rechtschreibfall oder vorgegebenen Wortmaterial selbst Sätze oder schreiben sogar zusammenhängende Geschichten (Differenzierung nach Wortmaterial und Leistungsvermögen der Schüler). Die besten Sätze bzw. Texte werden ausgewählt, vom Lehrer getippt und mit dem Namen des „Autors" den Schülern als Übung zum Abschreiben gegeben. Dies kann als Hausaufgabe geschehen oder auch in der Schule als Schleichdiktat geübt werden usw. Die Arbeit mit in der Klasse entstandenen Texten wirkt sehr **motivierend** auf die Schüler. Sie wollen auch einmal der Verfasser einer „Klassengeschichte" sein. Ein weiterer Vorteil ist, dass die Wörter in **vielen verschiedenen Sinnzusammenhängen** und Formen geübt werden. Außerdem wird eine **Brücke zum freien Schreiben** und auch zum Heimat- und Sachunterricht geschlagen. So können z.B. Wörter passend zu einem Sachgebiet aus diesem Bereich als Lernwörter genutzt werden.

Fehlersuchdiktat

Die Schüler sollen immer mehr dazu befähigt werden, **eigene Rechtschreibfehler zu finden**. Dieses Ziel sollte als Unterrichtsprinzip gelten und täglich Anwendung finden. Z.B. sollen die Schüler immer erst ihre Hefteinträge selbst kontrollieren, bevor sie diese dem Lehrer geben. In Fehlersuchdiktaten wird dies bei **festgelegtem Wortmaterial** gemacht (z.B. den aktuellen Lernwörtern) oder es kann auch die Verwendung des **Wörterbuchs** eingeübt werden. In jedem Fall sind Fehlersuchdiktate für die Schüler sehr motivierend, weil sie einmal Lehrer sein und korrigieren dürfen.

Diese Form wurde bei folgenden Diktaten eingesetzt:

➜ *Fehlersuchdiktat –* **Selbstkontrolle** *(S. 24)*

Fragediktat

Die Schüler schreiben ein Diktat und kennzeichnen mit Bleistift die Wörter, bei denen sie sich wegen der Rechtschreibung her unsicher sind. Am Ende des Diktats dürfen sie dann nachfragen. Auch diese Diktatform dient zur **Sensibilisierung gegenüber Fehlern**. Allerdings brauchen die Kinder **Strategien**, wie sie eigene Fehler erkennen können. Diese Form eignet sich also erst, wenn den Kindern einige Rechtschreibregeln bekannt sind.

Gummibärchendiktat

Diese Diktatform kann gelegentlich bei allen Themen eingesetzt werden. Sie wirkt sehr motivierend und ist eine Art **Säckchendiktat**. Es werden Gummibärchen als Figuren in den Farben der echten Gummibären benötigt. Die Schüler ziehen aus einem Umschlag/Sack ein Bärchen und schreiben den Satz, der zu der Farbe gehört, ab. So trainiert man dann neben **dem Rechtschreibfall** auch das **richtige Abschreiben**. Danach wird gemeinsam verglichen. Dies könnte wieder in Partnerarbeit als **Fehlersuchdiktat** geschehen. Die Kinder bekommen schließlich für jedes richtig geschriebene Bärchen das echte Bärchen in der entsprechenden Farbe vom Lehrer.

Diese Form wurde bei folgenden Diktaten eingesetzt:

➜ *Gummibärchendiktat –* **sp und st** *(S. 39)*
➜ *Gummibärchendiktat/Hördiktat –* **Dehnungen** *(S. 50)*

Hördiktat

Diese Form ist immer von Vorteil, wenn das Rechtschreibproblem durch **akustische Unterscheidung** gelöst werden kann. Es können einzelne Wörter oder ganze Texte diktiert werden. Man kann sich auf ein spezielles Problem beschränken. Die meisten Probediktate sind Hördiktate. Dabei muss dann oft das gesamte Regelwissen der Kinder angewandt

© Verlag an der Ruhr · Postfach 10 22 51 · 45422 Mülheim an der Ruhr · www.vertagruhr.de · ISBN 978-3-8346-0179-7

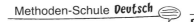

Beschreibung offener Diktatformen

werden. Bei Mitsprechwörtern und auch oft bei Nachdenkwörtern, die auf akustischer Differenzierung beruhen, ist das Hördiktat eine gute Hilfe. **Wortlistendiktate** sind eine einfache Form der Hördiktate.

Diese Form wurde bei folgenden Diktaten eingesetzt:

➡ *Hördiktat/Lückendiktat –* **Zusammensetzungen** *(S. 31)*
➡ *Hördiktat –* **Doppelmitlaute** *(S. 33)*
➡ *Hördiktat –* **s-Laute und das/dass** *(S. 38)*
➡ *Dosendiktat –* **langes i** *(S. 46)*
➡ *Wortlistendiktat –* **ie-Laute** *(S. 47)*
➡ *Lückendiktat –* **alle i-Laute** *(S. 48)*
➡ *Gummibärchendiktat/Hördiktat –* **Dehnungen** *(S. 50)*

Lückendiktat

Das Lückendiktat eignet sich häufig dann, wenn ein besonderer Rechtschreibfall besonderes Augenmerk erhalten soll. Es ist angezeigt bei **Nachdenkwörtern**, bei denen die Schüler durch **Regelanwendung** und eigene **Strategien** eine durchdachte Entscheidung treffen sollen, wie ein Wort geschrieben wird. Hier wird somit das **Rechtschreibproblem isoliert** und das Kind muss nicht noch andere Strategien einbeziehen. Differenzieren oder erschweren kann man die Sache, indem man mehrere Rechtschreibfälle zusammenfasst oder die **Inhaltserschließung** mit einbezieht. Diese sollte sowieso mitgeschult werden, da manchmal die Schreibweise von Wörtern sich nur aus dem Inhalt erschließt (z.B: wahr – war). Dies geschieht auch im Lügendiktat, einer Sonderform des Lückendiktats.

Diese Form wurde bei folgenden Diktaten eingesetzt:

➡ *Lückendiktat –* **Zeitformen** *(S. 25)*
➡ *Hördiktat/Lückendiktat –* **Zusammensetzungen** *(S. 31)*
➡ *Lückendiktat –* **das oder dass?** *(S. 38)*

➡ *Lückendiktat –* **f oder v?** *(S. 44)*
➡ *Lückendiktat –* **alle i-Laute** *(S. 48)*
➡ *Lückendiktat –* **Verwechslungswörter** *(S. 51/52)*
➡ *Satzzeichendiktat (S. 53)*

Man sieht schon an der Fülle, dass es für viele Rechtschreibprobleme geeignet ist und dass viele Mischformen existieren.

Lügendiktat

Beim Lügendiktat muss das Kind entscheiden, ob sich im Inhalt eine Lüge versteckt. Es dient also besonders zur **Inhaltserfassung**. Diese ist oftmals **entscheidend** für die Rechtschreibung und sollte daher von Anfang an mit in den Rechtschreibunterricht einbezogen werden. Man kann hier z.B. **Mischformen mit Schleichdiktaten oder Lückendiktaten** finden.

Diese Form wurde bei folgenden Diktaten eingesetzt:

➡ *Lügendiktat –* **s-Laute** *(S. 37)*
➡ *Lügendiktat –* **chs, cks, x, gs, ks** *(S. 40)*
➡ *Lügendiktat/Schleichdiktat –* **Fremdwörter** *(S. 54)*

Nach dem Einüben der genannten Tipps zum „Merken von Wörtern" auf S. 18 kann man den Kindern Lernwörter an der Tafel anbieten, die sie sich einprägen sollen. Es dürfen nicht zu viele auf einmal sein. Vorher sollten Wortfamilien und Ableitungen besprochen werden. Die Schüler prägen sich die Wörter ein, dann wird die Tafel geschlossen und es sollen so viele Wörter wie möglich aus dem Gedächtnis aufgeschrieben werden. Nun sollen jedoch zu den Wörtern möglichst viele **verwandte Wörter** gefunden werden, bei denen ja dann auch auf die Rechtschreibung geschlossen werden kann. Dies kann in einer Art Wettbewerb geschehen, bei dem Gruppen gegeneinander antreten. Das Wort

© Verlag an der Ruhr • Postfach 10 22 51 • 45422 Mülheim an der Ruhr • www.verlagruhr.de • ISBN 978-3-8346-0179-7

Beschreibung offener Diktatformen

zählt allerdings nur, wenn die Rechtschreibung mit dem verwandten Wort an der Tafel übereinstimmt. Diese Übungsform kann zum **Einüben aller Lernwörter und ihrer Wortfamilien** als Rechtschreibhilfe verwendet werden. Es eignet sich aber auch gut zum Einüben von **Merkwörtern**, die einfach eingeprägt werden müssen. Es kann immer wieder eingesetzt werden, je mehr Rechtschreibstrategien den Schülern schließlich bekannt sind (z.B. nach dem Kennenlernen von Vor- oder Nachsilben, von zusammengesetzten Wörtern …).

Hiermit trainiert man ganz selbstverständlich das **Gedächtnis** und in die **Konzentrationsfähigkeit**. Mit dem Merkdiktat lassen sich immer wieder **neue Strategien** in einfacher und effektiver Form einüben. Die Schüler **erweitern ihren Wortschatz**. Sie verinnerlichen, dass die gelernte Rechtschreibung eines Lernwortes auch bei vielen verwandten Wörtern angewandt werden kann und können gleichzeitig das **Nachschlagen** üben, indem sie verwandte Wörter in ihrem Wörterbuch suchen.

Partnerdiktat

Hier diktieren die Schüler sich gegenseitig Sätze oder Wörter. Es wirkt motivierend auf die Kinder und schult die **genaue Aussprache**. Einsetzbar ist es in allen Bereichen des Rechtschreibunterrichts. Man kann sich gegenseitig die Lernwörter diktieren, bei **akustischen Rechtschreibfällen** eignet es sich gut zur intensiven Übung und es ist ein **Differenzierungsmittel**. Die Kinder können sich gegenseitig ihre **Fehlerwörter** diktieren, die ja bei jedem anders sind, sodass dies der Lehrer nicht für alle leisten kann. Bei schwachen Kindern kann wiederum ein Zeichen vereinbart werden, sodass bei einem gemachten Fehler z.B. „Stopp!" gerufen wird und das Kind sein letztes Wort noch einmal überdenken kann.

Diese Form wurde bei folgenden Diktaten eingesetzt:

→ *Säckchendiktat –* **harte und weiche Mitlaute** *(S. 26)*
→ *Hördiktat –* **Doppelmitlaute** *(S. 33)*
→ *Hördiktat –* **s-Laute und das/dass** *(S. 38)*
→ *Gummibärchendiktat –* **sp und st** *(S. 39)*
→ *Würfeldiktat –* **v-Wörter** *(S. 42)*
→ *Dosendiktat –* **langes i** *(S. 46)*
→ *Gummibärchendiktat/Hördiktat –* **Dehnungen** *(S. 50)*

Man sieht wieder die möglichen Mischformen.

Rätseldiktat

Bei dieser Diktatform wird zugleich die **inhaltliche Erfassung** mitgeübt, die ja bei vielen Rechtschreibproblemen grundlegend ist. Beim Rätseldiktat kann der Rechtschreibtext als **Rätsel** angelegt sein, sodass die Schüler einfach ein Lösungswort herausfinden dürfen. Die Lösung kann aber auch ein Beispiel des zu übenden Rechtschreibproblems sein.

Diese Form wurde bei folgenden Diktaten eingesetzt:

→ *Rätseldiktat 1–4 (S. 29/30)*
→ *Schleichdiktat/Rätseldiktat –* **ß-Wörter** *(S. 35)*
→ *Rätseldiktat –* **Doppelselbstlaute** *(S. 49)*

Säckchendiktat

Das Säckchendiktat wirkt motivierend auf die Kinder, da **handelnder Umgang** mit dem **Material** möglich ist. Die Kinder ziehen selbst oder in Partnerarbeit eine Karte aus dem Säckchen und bearbeiten diese oder lassen sie sich diktieren (vergleiche **Partnerdiktat**). Dann legen sie die Karte beiseite. Die Lösung kann in **Selbstkontrolle** hinten drauf stehen oder irgendwo im Zimmer aushängen. Diese ist ein **wichtiges Mittel**, durch das die Schüler lernen, selbst ihre Fehler aufzufinden und zu verbessern. Es wird so eine **Rechtschreibhaltung** zum fehlerfrei geschriebenen Text aufgebaut.

© Verlag an der Ruhr · Postfach 1022 51 · 45422 Mülheim an der Ruhr · www.verlagruhr.de · ISBN 978-3-8346-0179-7

 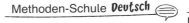

Beschreibung offener Diktatformen

Diese Form wurde bei folgenden Diktaten eingesetzt:
→ *Säckchendiktat – **harte und weiche Mitlaute** (S. 26)*
→ *Säckchendiktat – **Doppelmitlaute** (S. 32)*

Schleichdiktat

Beim Schleichdiktat werden Zettel/Karten mit einem Diktattext im Klassenzimmer an verschiedenen Stellen in Augenhöhe aufgehängt. Die Schüler schleichen langsam und leise(!) zu den Zetteln, merken sich mehrere Wörter oder einen Satz (je nach Vermögen), gehen zum Tisch zurück und schreiben die Worte im Sitzen auf. Dann schleichen sie wieder hin usw. Am Ende einer gewissen Zeitspanne gibt der Lehrer ein Signal, nun schleichen die Schüler mit ihren eigenen Texten zur Vorlage und vergleichen das Diktat. Die schnelleren Schüler haben dies eventuell schon vor dem Signal geschafft. Dann werden nach festgelegten Regeln die falschen Wörter verbessert.

So erfolgt **automatisch quantitative Differenzierung**. Schnelle Rechtschreiber schaffen mehr, langsamere weniger Text. Man kann aber auch unterschiedlich schwere Diktate aushängen (**qualitative Differenzierung**). Ein Auge sollte man auf die Schüler haben, die zwar schnell sind, aber sehr viele Fehler im eigenen Text haben. Hier sollten Tipps gegeben werden (z.B. Merke dir nur 2 Wörter). Über solche Probleme sollte immer wieder **reflektiert** und eine positive Rechtschreibhaltung aufgebaut werden. Gut ist in diesem Fall für bewegungsaktive Kinder die Verbindung mit **Bewegung**.

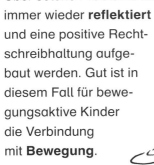

Diese Form wurde bei folgenden Diktaten eingesetzt:
→ *Schleichdiktat 1 und 2 – **Groß- und Kleinschreibung** (S. 20/21)*
→ *Schleichdiktat/Rätseldiktat – **ß-Wörter** (S. 35)*
→ *Lügendiktat/Schleichdiktat – **Fremdwörter** (S. 54)*

Smiley-Diktat

Das Smiley-Diktat ist eine Form des Lückendiktats, bei dem Smileys statt Lücken eingesetzt werden.

Diese Form wurde bei folgendem Diktat eingesetzt:
→ *Smiley-Diktat – **chs, cks, x, gs, ks** (S. 41)*

Wendediktat

Beim Wendediktat steht auf der Vorderseite eines Blattes der Lernwörtertext. Die Schüler sollen ihn nun durch Wenden auf die Rückseite abschreiben, wobei sie sich je nach ihrem Vermögen mehrere Wörter merken sollen. Eine Variante wäre, es sich auch zu notieren, wie oft sie das Blatt wenden mussten, um den gesamten Text nach hinten zu übertragen. Diese Diktatform schult neben dem **Abschreiben** und der **Rechtschreibung** auch die **Konzentrations- und Merkfähigkeit**. Zum Schluss erfolgt die **Selbstkontrolle** wieder durch Wenden. Es zählen nur noch die Fehler, die nun immer noch übersehen wurden. Wichtig ist bei dieser Form, dass eine **Reflexion** darüber erfolgt, dass möglichst weniges Wenden nur dann einen Erfolg darstellt, wenn auch möglichst wenige Fehler im „Wendetext" enthalten sind.

Diese Form wurde bei folgenden Diktaten eingesetzt:
→ *Wendediktat – **ck oder k?** (S. 33)*
→ *Wendediktat – **Dehnungs-h** (S. 45)*

© Verlag an der Ruhr · Postfach 102251 · 45422 Mülheim an der Ruhr · www.verlagruhr.de · ISBN 978-3-8346-0179-7

Beschreibung offener Diktatformen

Wortartendiktat

Der Lehrer diktiert die derzeitigen Lernwörter. Dabei schreiben die Schüler diese geordnet in eine Tabelle, die nach Wortarten eingeteilt ist: Namenwörter (Substantive/Nomen), Zeitwörter (Verben), Wiewörter (Adjektive), sonstige Wörter.

Differenzierungsmöglichkeit:

Die Schüler sollen nun versuchen, die Tabelle mit den dazugehörigen anderen Wortarten aufzufüllen. Hiermit können auch Wortfamilien eingeübt und vertieft werden z.B. Namenwort (Substantive/Nomen) = Krankheit, Zeitwörter (Verben) = erkranken, Wiewörter (Adjektive) = krank.

Hier ist auch eine **Differenzierung nach Schwierigkeit** möglich, indem den Kindern die Wörter nicht diktiert werden, sondern den Schülern unterschiedlich schwere Wörter einer Zeile vorgegeben werden.

So kann dem einen Schüler das Namenwort, dem anderen das Zeitwort vorgegeben werden. Es werden neue Lernwörter geübt, wobei über die Wortart und damit auch über die Groß- und Kleinschreibung nachgedacht werden muss. Auch hier kann man ebenso die verwandten Wörter aus der Wortfamilie suchen lassen und somit auch immer die Rechtschreibung der zusammengehörigen Wörter trainieren.

Diese Form wurde bei folgendem Diktat eingesetzt:

→ *Wortartendiktat – **ver- und vor-** (S. 43)*

Wortlistendiktat

Hierbei geht es um die Rechtschreibung einzelner Wörter, die den Schülern diktiert werden. Es kann sich um einen **Rechtschreibfall**, die **aktuellen Lernwörter** oder **individuelle Fehlerwörter** handeln. Es ist also eine brauchbare **Differenzierung** und ein universeller Einsatz mit dieser Diktatform möglich. Vorteilhaft ist auch der **geringe Zeitaufwand**, sodass sich diese Diktatform zur **täglichen Rechtschreibübung** eignet.

Diese Form wurde bei folgenden Diktaten eingesetzt:

→ *Wortlistendiktat – **Ableitungen** (S. 24)*
→ *Wortlistendiktat – **ie-Laute** (S. 47)*

Würfeldiktat

Motivierend ist diese Form durch den Einsatz von 1–2 **Zahlenwürfeln**. Die Schüler würfeln und schreiben den Satz, der bei der gewürfelten Zahl steht. Nun wird erneut gewürfelt. Hier kann wieder mit Lückendiktaten kombiniert werden.

Variante:

Man kann auch mit einem **Buchstaben- und einem Zahlenwürfel** gleichzeitig würfeln. Dann muss der Schüler sich ein Wort ausdenken, das mit dem jeweiligen Buchstaben beginnt und so viele Buchstaben hat, wie der Zahlenwürfel anzeigt. Das Wort wird notiert und im Wörterbuch kontrolliert, ist also eine gute Übung zum **Nachschlagen**. Dies eignet sich für Einzel- oder Partnerarbeit.

Diese Form wurde bei folgenden Diktaten eingesetzt:

→ *Würfeldiktat – **Wörter mit tz** (S. 34)*
→ *Würfeldiktat – **v-Wörter** (S. 42)*

Zweifeldiktat

Beim Zweifeldiktat schreiben die Kinder ein Diktat und markieren Wörter, bei denen sie sich bei der Rechtschreibung **unsicher** sind. Sie schreiben bei dem angezweifelten Wort mit Bleistift die andere Möglichkeit der Schreibweise darüber. Ein Fehler ist es nur, wenn beide Schreibweisen falsch sind. Diese Diktatform wäre auch eine gute Möglichkeit zur **Differenzierung**, um schwachen Rechtschreibern (vielleicht sogar einmal in einem Probediktat) auch ein **Erfolgserlebnis** zu ermöglichen. Sie können dem Lehrer eben zwei Schreibweisen anbieten.

© Verlag an der Ruhr · Postfach 10 22 51 · 45422 Mülheim an der Ruhr · www.verlagruhr.de · ISBN 978-3-8346-0179-7

Anmerkungen zu den Arbeitsblättern

© Verlag an der Ruhr · Postfach 102251 · 45422 Mülheim an der Ruhr · www.verlagruhr.de · ISBN 978-3-8346-0179-7

→ Lern-Plakate (S. 18)

Auf diesen Plakaten finden die Kinder Tipps zum Merken, Abschreiben und Nachschlagen von Wörtern. Am besten schneiden Sie die drei Lern-Plakate aus und kopieren sie größer. Nachdem Sie mit den Kindern die Tipps durchgesprochen haben, hängen Sie diese an geeigneter Stelle im Klassenraum auf.

→ Eigendiktat – Herbst-ABC (S. 19)

Es können eigene Herbstwörter mit der Klasse erarbeitet werden. Dann muss die Kopiervorlage an den vorgegebenen Wörtern einfach umgeknickt werden. Die Kinder können auch das umgeknickte Blatt erhalten und zuerst selbst Wörter suchen, fehlende Wörter anschließend aus den vorgegebenen ergänzen. Die Herbstwörter können für jahreszeitlich eingebundene Geschichten genutzt werden oder als ABC-Übung für sich alleine stehen. Solche ABCs lassen sich für alle Jahreszeiten und Themenbereiche beim kreativen Schreiben (z.B. Weihnachts-ABC, Müll-ABC) einsetzen.

→ Schleichdiktat (1 + 2) – Groß- und Kleinschreibung (S. 20/21), Lösung (S. 55)

Der Lehrer kann anhand der kurzen Schleichdiktate den Wissenstand der Schüler prüfen und die Groß- und Kleinschreibung mit Hilfe des Herbst-Themas am Beginn des Schuljahres üben oder wiederholen. Es kann qualitativ und quantitativ nach Anzahl der behandelten Herbstblätter unterschieden werden. Das letzte Schleichdiktat ist dabei das anspruchsvollste. Die Lösung eignet sich zur Selbstkontrolle.

→ Abschreiben leicht gemacht! (S. 22)

Es wird noch einmal auf die grundlegenden Abschreibregeln eingegangen. Die Schüler müssen von Anfang an dazu erzogen werden, selbst ihre Fehler zu suchen. Es soll eine Haltung angebahnt werden, dass die Kinder von sich aus nach einem fehlerfreien Text streben.

→ Nachschlagen leicht gemacht! (S. 23)

Hier wird grundlegend in die Arbeit mit dem Wörterbuch eingeführt und der Gebrauch eingeübt, sodass später die Kinder selbstständig nachschlagen, um ihre Texte verbessern zu können.

→ Fehlersuchdiktat – Selbstkontrolle (S. 24), Lösung (S. 55)

Verbessern eines Textes mit dem Wörterbuch.

→ Wortlistendiktat – Ableitungen (S. 24), Lösung (S. 56)

Suchen verwandter Wörter als Rechtschreibhilfe.

→ Lückendiktat – Zeitformen (S. 25), Lösung (S. 56)

Bei diesem Lückentest werden die Formen der Verben geübt. Die Kinder dürfen sich selbst kontrollieren. Für stärkere Kinder kann der Text sogar als Schleichdiktat angeboten werden. Man kann als Differenzierung auch die 1. Vergangenheit einsetzen lassen oder den Text in der 2. Vergangenheit abschreiben lassen (Verbindung zur Sprachbetrachtung). Das Lückendiktat könnte stärkeren Schülern auch diktiert werden. Bei den schwachen Schülern steht die Grundform wie im AB dabei und sie müssen die richtige Form finden. Stärkeren Schülern kann man die Grundform nur akustisch und nicht optisch anbieten.

→ Säckchendiktat – harte und weiche Mitlaute (S. 26)

Die Wörter mit harten und weichen Mitlauten als Endlaut werden in Säckchen als Karten den Schülern angeboten. Abwechselnd ziehen diese ein Wort und diktieren es dem Partner. Dieser muss es aufschreiben und erklären, warum der Endlaut hart oder weich geschrieben wird, indem er das verlängerte Wort mit hinschreibt. Dann zieht er selbst das Kärtchen.

Anmerkungen zu den Arbeitsblättern

Hierbei muss den Schülern vorher die Verlängerungsregel bekannt sein (z.B. aus: Rechtschreibstrategien, Verlag an der Ruhr, 2005, S. 24). So können auch eigene Lernwörter mit dem entsprechenden Rechtschreibproblem eingeübt werden.

→ Dosendiktat – **Ableitungen ä/e, äu/eu?** (S. 27), **Lösung** (S. 56)

Die Wörter werden als Dosendiktat geübt, wobei eine quantitative Differenzierung nach der bearbeiteten Menge möglich ist. Die Schüler nehmen die Kärtchen aus einer Dose, die sie abschreiben und die zweifelhaften Wörter durch Nachdenken mit Hilfe der Regel richtig schreiben. Schwieriger wird die Sache wieder in der Partnerarbeit, bei der stärkere Schüler den ganzen Satz diktiert bekommen (qualitative Differenzierung).

→ Bilddiktate (1+2) (S. 28), Rätseldiktate (1–4) (S. 29/30) – **Zusammengesetzte Nomen und Adjektive, Lösungen** (S. 57)

Die Schüler erhalten verschiedene Arbeitskarten (am besten laminiert), auf denen die Bilder oder das Rätsel abgebildet sind, und müssen die Lösungen aufschreiben. Die Lösung kann zur Selbstkontrolle hinten auf der Karte abgebildet sein oder irgendwo im Zimmer aushängen oder -liegen. Differenzierung erfolgt über die Menge der geschafften Kärtchen. Unterschiedliche Schwierigkeit kann anhand von farbigen Punkten signalisiert werden.

→ Hördiktat/Lückendiktat – **Zusammensetzungen** (S. 31), **Lösung** (S. 58)

Sprechen Sie den Diktattext vom Lösungstext auf Kassette. Die Schüler hören sich den Text an und schreiben die entsprechenden Wörter in die Lücken. Differenziert wird, indem starke Schüler den gesamten Text schreiben sollen.

→ Säckchendiktat – **Doppelmitlaute** (S. 32), **Lösung** (S. 58)

Die Rechtschreibregel zu den Doppelmitlauten sollte bekannt sein (vergleiche: Rechtschreibstrategien, Verlag an der Ruhr, 2005, S. 37). Die Wörter mit Doppelmitlauten werden in Säckchen als Karten den Schülern angeboten. Sie nehmen ein Kärtchen heraus und überlegen, ob ein Doppelmitlaut geschrieben werden muss oder nicht. Starke Schüler arbeiten alleine oder als Helfer für schwache Kinder. Zum Vergleichen kann eine Lösungsstation zur Selbstkontrolle dienen oder der Lehrer vergleicht.

→ Hördiktat – **Doppelmitlaute** (S. 33)

Entweder der Lehrer diktiert oder die Schüler diktieren sich in Partnerarbeit die Sätze. Die Schüler sollen jedoch nur das Wort mit Doppelmitlaut notieren. So ermitteln sie über den akustischen Kanal den kurzen Selbstlaut – im Gegensatz zum Säckchendiktat, wo das Hören innerlich stattfindet und durch Nachdenken geklärt wird. Starke Schüler kann man auch den gesamten Text schreiben lassen.

→ Wendediktat – **ck oder k?** (S. 33), **Lösung** (S. 58)

Die Kinder schreiben den Text richtig auf die Rückseite des Blattes und entscheiden zugleich bei den Lückenwörtern, ob k oder ck eingesetzt werden muss. Dabei sollen sie eine Strichliste führen, wie oft sie ihr Blatt wenden müssen, um den Text richtig zu übertragen. So werden gleichzeitig Konzentration und Gedächtnis trainiert. Natürlich muss am Ende reflektiert werden: Wenn Schüler, die ihr Blatt nur selten wenden mussten, sehr viele Fehler haben, dann denkt man zusammen über die Ursachen nach. Kontrolliert werden kann der Text dann von einem anderen Kind. So schult man auch hier das Auffinden von Fehlern.

© Verlag an der Ruhr · Postfach 102251 · 45422 Mülheim an der Ruhr · www.verlagruhr.de · ISBN 978-3-8346-0179-7

Anmerkungen zu den Arbeitsblättern

→ *Würfeldiktat –* **Wörter mit tz** *(S. 34)*, **Lösung** *(S. 59)*

Die Schüler würfeln und schreiben den Satz auf, den die Würfelaugen anzeigen. Dabei entscheiden sie, ob tz oder z eingesetzt werden muss. Nach dem Würfeldiktat vergleichen sie den Text mit einer Vorlage. Es kann wieder eine Nachkorrektur durch ein anderes Kind erfolgen. Schnellere Schüler können ein neues Würfeldiktat erfinden (qualitative Differenzierung) oder den schwächeren Kindern bei der Fehlersuche helfen.

→ *Schleichdiktat /Rätseldiktat –* **ß-Wörter** *(S. 35)*, **Lösung** *(S. 59)*

Bei den ß-Wörtern handelt es sich um Merkwörter, die durch vielfältige Übung eingeprägt werden müssen. Das kann durch das Schleichdiktat geschehen. Die Wörter sollten auch im Lernwörterheft und in anderen Zusammenhängen geübt werden. Dazu werden im Klassenzimmer mehrere Blätter mit dem angegebenen Text ausgehängt. Die Schüler schleichen hin und merken sich je nach Vermögen mehrere Worte. Sie schleichen zu ihrem Platz zurück und schreiben das Gemerkte auf. Dann gehen sie wieder hin und merken sich den nächsten Teil. Wenn sie den Text fertig haben, gehen die Kinder mit ihrem Blatt hin und vergleichen den Text und verbessern gemachte Fehler auf eine zuvor besprochene Weise. Die Korrektur kann auch in Partnerarbeit vorgenommen werden. Beim Schleichdiktat werden Konzentrationsübung und Schulung der Merkfähigkeit mit Bewegung verbunden. In dem hier gedruckten Schleichdiktat ist zusätzlich noch ein Rätsel enthalten. Die Schüler können die gesuchten Tiere benennen. So wird zugleich Inhaltserfassung geübt. Differenzierung erfolgt automatisch über die vorgegebene Zeit. Nach einer gewissen Spanne gibt der Lehrer das Signal, welches anzeigt, dass nun spätestens mit dem Vergleichen begonnen werden soll.

In den Vergangenheitsformen kann sich das ss in ß (oder umgekehrt) ändern. Dies kann jedoch über die Regel für Doppelmitlaute erklärt werden. Allerdings liegt eine zusätzliche Schwierigkeit in den unregelmäßigen Formen, sodass diese gesondert geübt werden sollten.

→ *Rätseldiktat –* **Doppel-s** *(S. 35)*, **Lösung** *(S. 59)*

Hier werden Wörter mit Doppel-s geübt. Die Regel zum Doppelmitlaut nach kurzem Selbstlaut sollte vorher bekannt sein.

→ *Zeitendiktat –* **Doppelmitlaute** *(S. 36)*, **Lösung** *(S. 60)*

Hier werden die vorderen Formen diktiert oder vorgegeben. Der Rest der Tabellen soll selbstständig (mit oder ohne Wörterbuch) ausgefüllt werden.

Zusätzlicher Tipp: Blitzdiktat
Zum Einüben der Merkwörter eignet sich auch diese Form des Diktats. Hier werden Wortkarten mit einem Lernwort kurz hochgehalten und wieder verdeckt. Dann schreiben die Schüler die Wörter nieder. Das Gleiche wird mit mehreren Wörtern gemacht. Am Schluss vergleicht man gemeinsam.

→ *Lügendiktat –* **s-Laute** *(S. 37)*, **Lösung** *(S. 61)*

Beim Lügendiktat zu den s-Lauten werden in einem Lückendiktat die verschiedene s-Laute von den Kindern eingesetzt. Dann prüfen sie noch, ob der Satz eine Lüge ist oder der Wahrheit entspricht. Das kreuzen sie an. So wird wieder **sinnerfassendes Lesen** geübt. Da dieser Text schwieriger ist, weil alle s-Laute abgefragt werden, kann in Partnerarbeit oder mit Helfersystem oder dem Wörterbuch gearbeitet werden.

© Verlag an der Ruhr · Postfach 10 22 51 · 45422 Mülheim an der Ruhr · www.verlagruhr.de · ISBN 978-3-8346-0179-7

 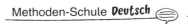 

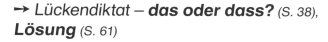

Anmerkungen zu den Arbeitsblättern

→ *Lückendiktat – **das oder dass?*** *(S. 38)*, **Lösung** *(S. 61)*

Die Regel sollte bekannt und geübt sein. Zuerst wird anhand eines Lückendiktats das Rechtschreibproblem geübt.

→ *Hördiktat – **s-Laute und das/dass*** *(S. 38)*

Das Hördiktat wird vom Lehrer den Kindern oder in Partnerarbeit diktiert oder sie nehmen es auf Kassette auf. Hier müssen sie ihr gesamtes Wissen zu den s-Lauten und dass/das anwenden. Als Differenzierungsmöglichkeit kann man es auch als Schleichdiktat oder Lückendiktat anbieten.

→ *Gummibärchendiktat – **st und sp*** *(S. 39)*

Am besten schneiden Sie die Gummibärchensätze aus und laminieren diese. Nun stecken Sie alle Gummibärchensätze in einen Umschlag/Säckchen. Die Kinder ziehen den Gummibärensatz und diktieren ihn dem Partner den Satz (Partnerarbeit) oder sich selbst (Einzelarbeit). Dann wird genau verglichen. Wer den Satz richtig hat, bekommt ein echtes Gummibärchen in der entsprechenden Farbe als Belohnung.

→ *Lügendiktat – **chs, cks, x, gs, ks*** *(S. 40)*, **Lösung** *(S. 62)*

Die Schüler ergänzen das Lückendiktat und müssen zusätzlich den Inhalt erfassen, um zu entscheiden, ob der Satz wahr oder unwahr ist. So wird auch noch Inhaltserfassung geübt. Differenzieren kann man dadurch, dass die Schüler nach dem Lügendiktat eigene Sätze mit den Wörtern bilden. Das kann mit Helfersystem geschehen oder man lässt die schwachen Kinder einfach die Lernwörter möglichst oft schreiben und nur die starken Kinder bilden Sätze. Besonders gelungene Sätze einzelner

Schüler können vom Lehrer nochmals getippt (mit Namen des Kindes) und als weitere Übung für die Hausaufgabe oder Freiarbeit angeboten werden. Das wirkt sehr motivierend auf die Schüler. Jeder möchte seinen Namen und seine Sätze als weitere Übung haben. Es ist allerdings ein gewisser Zeitaufwand für den Lehrer.

→ *Smiley-Diktat – **chs, cks, x, gs, ks*** *(S. 41)*, **Lösung** *(S. 62)*

Die Verwechslungslaute sind mit Smileys verdeckt. Die Schüler sollen diese (je nach Vorarbeit mit oder ohne Wörterbuch) ergänzen und vollständig aufschreiben. Da es sich bei diesen Wörtern um schwierige Laute und oft auch inhaltlich schwere Wörter handelt, sollten diese z.B. im Lernwörterheft auf vielfältige Weise zusätzlich gut geübt werden. Manche Wörter sind Nachdenkwörter (z.B. Gewächs kommt von wachsen). Andere sind Merkwörter, die nur durch mannigfaltiges Üben eingeprägt werden können.

Geeignetes Wortmaterial:
Fax/faxen, Mixer/mixen, Hexe, Fuchs, Keks, Klecks, links, blindlings, Gewächs, fix, Achsel, unterwegs, Lachs, sechs, extra, Praxis.

→ *Würfeldiktat – **v-Wörter*** *(S. 42)*

Zwei Kinder erhalten immer ein Diktat als Vorlage und würfeln abwechselnd. Dann schreiben sie den Satz auf, den die Augenzahl des Würfels angibt. Die Fehlersuche kann in Eigenkontrolle oder Partnerarbeit geschehen. Bei den v-Wörtern handelt es sich, wie bei den ß-Wörtern, um Merkwörter, die sich die Schüler besonders einprägen müssen. Die Übung sollte in vielen Zusammenhängen, z.B. auch im Lernwörterheft, geschehen. Es sollte auf die verschiedenen Aussprachemöglichkeiten (f oder w) eingegangen werden. Viele der Wörter sind v-Wörter aufgrund von Vorsilben. Auch hierauf sollte hingewiesen werden.

© Verlag an der Ruhr · Postfach 10 22 51 · 45422 Mülheim an der Ruhr · www.verlagruhr.de · ISBN 978-3-8346-0179-7

Anmerkungen zu den Arbeitsblättern

Geeignetes Wortmaterial:

Verbrennung, Verbot, Verpackung, vorsichtig, Vorfahrt, Verkehr, Vogel, Vers, Veilchen, Vieh, brav, Vater, Larve, vorn, voll, viel, vom, Nerven, Volk, vier, November, Pullover, Klavier, Vase, Advent, Pulver, Ventil.

➜ *Wortartendiktat – ver- und vor-* (S. 43), *Lösung* (S. 62)

Die Vorsilben „ver" und „vor" werden immer mit v geschrieben. Die Schüler müssen diese Wortbausteine aber erst erkennen können. Schwierig ist hier oftmals die Bildung verwandter Wörter. Man kann den Kindern die Tabelle mit den Zeitwörtern geben oder sie zuerst als Übung diktieren und nicht vorgeben. Die Schüler sollten die Vorsilben unterstreichen.

Zur Differenzierung für schwächere Schüler kann man auch die schwerere Form der Namenwörter angeben und die Kinder sollen nur die Zeitwörter finden. Man könnte aber auch das Wörterbuch als Hilfe zulassen.

➜ *Säckchendiktat – f oder v?* (S. 44), *Lösung* (S. 63)

Wieder werden die Wörter den Schülern als Kärtchen in einem Sack angeboten. Hier geht es um das selbstständige Erkennen der Wortbausteine ver- und vor-. Die Schüler müssen entscheiden, ob das Wort eine Vorsilbe enthält und demzufolge mit v geschrieben werden muss. Die anderen Wörter werden mit f geschrieben. Man sollte die Kinder die Wörter nach dem Ziehen der Kärtchen aus dem Säckchen aufschreiben lassen und die erkannten Vorsilben unterstreichen lassen. Die Schüler können das Diktat in Alleinarbeit bewältigen, man kann aber auch in Partnerarbeit oder mit Helfersystem durch stärkere Schüler arbeiten. Es sollte Selbstkontrolle geübt werden, um eine potitive Rechtschreibhaltung aufzubauen.

➜ *Lückendiktat – f oder v?* (S. 44), *Lösung* (S. 63)

Als Abschluss der Einheit oder als Differenzierungsmöglichkeit für stärkere Schüler kann das Lückendiktat dienen. Hier müssen die Kinder zwischen f- und v- Wörtern unterscheiden, Wortbausteine erkennen und auch noch auf Groß- und Kleinschreibung achten.

➜ *Wendediktat – Dehnungs-h* (S. 45)

Das Dehnungs-h wird mit einem Wendediktat geübt. Die Kinder sollen den Text richtig auf die Rückseite des Blattes schreiben. Dabei sollen die Schüler eine Strichliste führen, wie oft sie ihr Blatt wenden müssen, um den Text richtig zu übertragen. So wird gleichzeitig Konzentration und Gedächtnis trainiert. Natürlich muss am Ende wiederum reflektiert werden, wie oft man das Blatt wenden musste und wie viele Fehler noch enthalten sind. Kontrolliert wird der Text dann in Selbst- oder Fremdkontrolle.

➜ *Wortartendiktat – Dehnungs-h* (S. 45), *Lösung* (S. 63)

Das Dehnungs-h wird in der Grundform von Verben geübt, indem die Schüler diese in die Tabelle eintragen.

➜ *Dosendiktat – langes i* (S. 46)

Die Merkwörter mit langem i werden als Dosendiktat geübt, wobei eine quantitative Differenzierung nach der bearbeiteten Menge in der vorgegebenen Zeit möglich ist.

Die Schüler nehmen aus einer Dose Satzstreifen, die sie abschreiben. Wenn die Wörter schon geübt und hier nur noch gefestigt werden sollen, kann man das Dosendiktat auch als Partnerdiktat anwenden. Dann zieht ein Kind einen Streifen, diktiert ihn und streicht nun die Fehler an. Dann wird gewechselt.

© Verlag an der Ruhr • Postfach 10 22 51 • 45422 Mülheim an der Ruhr • www.verlagruhr.de • ISBN 978-3-8346-0179-7

Anmerkungen zu den Arbeitsblättern

Am Ende verbessert jeder seine Fehler nach Absprache. Die wenigen Wörter mit langem i, die nicht mit ie geschrieben werden, müssen als Merkwörter besonders geübt und eingeprägt werden.

Geeignetes Wortmaterial zum langen i:

Lawine, Turbine, Maschine, Tiger, wider, Igel, Krokodil, Bibel, Kino, Kilogramm, Apfelsine, Praline, Medizin, Termin, Vitamin, Benzin, Nilpferd.

→ *Wortlistendiktat – ie-Laut* (S. 47), **Lösung** (S. 64)

Bei den ie-Wörter handelt es sich um Nachdenkwörter. Fast alle Wörter mit langem i werden auch mit ie geschrieben.

Den Kindern wird das Wort vorgegeben oder diktiert. Sie sollen die Reimwörter finden, die dann ja auch mit ie geschrieben werden. Es können zur Differenzierung und Wortklärung noch Sätze mit den Wörtern gebildet werden, da Wortlisten den Nachteil haben, nicht im Sinnzusammenhang zu stehen.

→ *Eigendiktat – Verben mit -ieren* (S. 47), **Lösung** (S. 64)

Die Schüler sollen zunächst die Wörter ergänzen, evtl. ein eigenes suchen und dann selbst Sätze verfassen. Diese werden anderen Kindern dann vorgelesen. Die besten Sätze schreibt der Lehrer, zusammen mit dem Namen des jeweiligen Kindes auf, und gibt diese den Schülern als Schleichdiktat/Partnerdiktat … Es wirkt sehr motivierend auf die Schüler, wenn ihre selbst verfassten Texte als Übungsmaterial dienen. Differenzierung findet hier automatisch statt, da die Länge und Komplexität der Sätze das Leistungsvermögen der Kinder widerspiegelt. Es werden sich aber alle Kinder beim Verfassen anstrengen, weil sie möchten, dass ihre Sätze ausgewählt werden. So können auch schwache Schüler durch einzelne gute Sätze gelobt und herausgestellt werden und auch sie bekommen ein Erfolgserlebnis vermittelt.

→ *Lückendiktat – alle i-Laute* (S. 48), **Lösung** (S. 64)

Zum Abschluss der Einheit oder zur Differenzierung für stärkere Schüler wird ein Lückentext benutzt. Die Kinder müssen selbst i oder ie einsetzen, indem sie die gelernte Regel anwenden, aber auch die Merkwörter zum langen i bedenken. Sie müssen auch die Groß- und Kleinschreibung berücksichtigen. Vereinfacht wird der Lückentext, wenn Sie ihn vorlesen. So haben schwächere Schüler die Gelegenheit, auf die Aussprache zu achten, was das Ganze vereinfacht (Differenzierungsmöglichkeit).

→ *Rätseldiktat – Doppelselbstlaute* (S. 49), **Lösung** (S. 65)

Bei der Dehnung durch Doppelselbstlaute handelt es sich um Merkwörter, die vielfältig geübt und eingeprägt werden sollten. Dies kann wiederum mit dem Lernwörterheft oder der Lernwörterkartei geschehen.

Geeignetes Wortmaterial:

Saat, Staat, Aal, Haar, Paar, Waage, Saal, Meer, Tee, Kaffee, leer, Beere, Beet, Schnee, Boot, Zoo, Moos.

→ *Gummibärchendiktat/Hördiktat – Dehnungen* (S. 50), **Lösung** (S. 65)

Hier werden diese beiden Formen verbunden, da die Schüler sonst nicht wissen, welche Laute in die Lücken passen. Die Kinder bekommen die Kopiervorlage und hören dem Lehrer zu. So müssen sie nur ihr Wissen über Dehnungen einbringen und können zusätzlich noch akustische Hilfen in Anspruch nehmen.

© Verlag an der Ruhr · Postfach 10 22 51 · 45422 Mülheim an der Ruhr · www.verlagruhr.de · ISBN 978-3-8346-0179-7

Anmerkungen zu den Arbeitsblättern

Als Belohnung für die richtigen Sätze am Schluss der Einheit über Dehnungen bekommen sie die Gummibären in den entsprechenden Farben. Als Differenzierung kann man schwachen Kindern zusätzlich noch die Möglichkeit der Selbstkontrolle anhand des vollständigen Textes geben, da sie sonst kaum ein Erfolgserlebnis haben. Sie sollen dann aber die Fehler durchstreichen und das ganze Wort richtig darüber schreiben.

➜ Lückendiktat – *Verwechslungswörter* (S. 51/52), **Lösung** (S. 66)

Die Schüler sollen sich vom Inhalt ausgehend zwischen zwei Möglichkeiten entscheiden und das passende Wort einsetzen. Die Schüler können als Zusatzaufgabe die Verwechslungswörter in eigenen Sätzen und Texten üben. Hier bietet es sich wieder an, von den Schülern ein Eigendiktat für die Klasse entwerfen zu lassen.

➜ *Satzzeichendiktat* (S. 53), **Lösung** (S. 67)

Hier handelt es sich um eine Sonderform des Lückendiktats. Statt Buchstaben oder Wörter fehlen alle Satzzeichen. Es werden die Satzzeichen zu den Satzarten, die Redezeichen und die Kommata bei den Bindewörtern geübt und abgeprüft.

➜ *Lügendiktat/Schleichdiktat – Fremdwörter* (S. 54), **Lösung** (S. 67)

Die Schüler sollen den Inhalt erfassen und den wahren Satz herausfinden und abschreiben. Das Ganze kann auch als Schleichdiktat genutzt werden. Dann hängt man die Zettel im Klassenraum auf. Die Kinder gehen hin, merken sich den richtigen Satz, notieren ihn und vergleichen am Schluss. So kann Bewegung mit einbezogen werden.

© Verlag an der Ruhr · Postfach 102251 · 45422 Mülheim an der Ruhr · www.verlagruhr.de · ISBN 978-3-8346-0179-7

Lern-Plakate

Tipps zum Merken von Wörtern

1. Schaue dir das Wort genau an!

2 Ist das Wort ein Mitsprech-, ein Nachdenk- oder ein Merkwort?

3. Achte auf schwierige Stellen!

4. Schreibe das Wort auf und vergleiche dann mit der Vorlage!

5. Übe das Wort in verschiedenen Formen!

Tipps zum Abschreiben von Wörtern

1. Merke dir je nach Wortlänge und Schwierigkeit ein bis mehrere Wörter!

2. Schaue sie dir genau an und achte auf schwere Stellen!

3. Schreibe sie aus dem Kopf auf!

4. Vergleiche Wort für Wort mit der Vorlage!

Tipps zum Nachschlagen von Wörtern

1. Übe das ABC gut!

2. Wörter mit dem gleichen Anfangsbuchstaben musst du nach dem zweiten oder dritten Buchstaben ordnen.

3. Suche zu deinem gesuchten Wort die Grundform und schlage diese nach.

4. Bei Wörtern mit Vorsilben musst du manchmal die Vorsilbe weglassen und nur das Wort nachschlagen oder verwandte Wörter suchen.

5. Wörter mit Umlauten (ä, ö, ü) findest du an entsprechender Stelle bei den passenden Selbstlauten (a, o, u).

© Verlag an der Ruhr · Postfach 10 22 51 · 45422 Mülheim an der Ruhr · www.verlagruhr.de · ISBN 978-3-8346-0179-7

Eigendiktat – Herbst-ABC

 Knicke das Blatt an der Trennlinie um.
Suche zu jedem Buchstaben herbstliche Wörter,
welche mit diesem Buchstaben beginnen.

A	*pfel*	Apfel
B	_____	bunte Blätter
C	_____	Chrysanthemen
D	_____	Drachen steigen
E	_____	Erntedankfest
F	_____	Fuchs
G	_____	goldene Natur
H	_____	Halloween
I	_____	Igel
J	_____	Jäger
K	_____	Kühle/Kürbis
L	_____	Laterne
M	_____	Mais
N	_____	Nüsse
O	_____	Oktober
P	_____	Pflaume
Q	_____	quakende Frösche
R	_____	Regenwetter
S	_____	September
T	_____	Tage werden kürzer
U	_____	Unwetter
V	_____	Vögel ziehen weg
W	_____	Wintervorräte sammeln
X, Y,		
Z	_____	Zugvögel

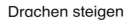
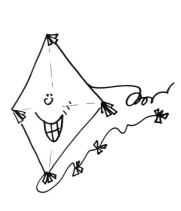

© Verlag an der Ruhr · Postfach 102251 · 45422 Mülheim an der Ruhr · www.verlagruhr.de · ISBN 978-3-8346-0179-7

Schleichdiktat 1 – Groß- und Kleinschreibung

✏️ Schneide das Schleichdiktat aus und hänge es irgendwo im Klassenraum auf.

✏️ Schleiche nun von deinem Sitzplatz aus los und schreibe die Sätze nach und nach ab. Achte dabei auf Groß- und Kleinschreibung!

✏️ Kontrolliere mit dem Lösungsblatt.

IM HERBST ERNTEN WIR VIELE FRÜCHTE.

DIE EICHHÖRNCHEN VERSTECKEN NÜSSE IN DER FEUCHTEN ERDE.

DIE ZUGVÖGEL FLIEGEN NACH SÜDEN IN DIE SONNE.

IGEL VERSTECKEN SICH UNTER BUNTEN BLÄTTERN.

DIE TAGE WERDEN KÜRZER UND NEBLIGER.

DER OKTOBER WIRD AUCH ALS GOLDENER MONAT BEZEICHNET.

DIE SONNE SCHEINT NICHT MEHR SO WARM WIE IM SOMMER.

VIELE TIERE SAMMELN WINTERVORRÄTE.

© Verlag an der Ruhr · Postfach 10 22 51 · 45422 Mülheim an der Ruhr · www.verlagruhr.de · ISBN 978-3-8346-0179-7

Schleichdiktat 2 – Groß- und Kleinschreibung

✏️ **Schneide das Schleichdiktat aus und hänge es irgendwo im Klassenraum auf.**

✏️ **Schleiche nun von deinem Sitzplatz aus los und schreibe die Sätze nach und nach ab. Achte dabei auf Groß- und Kleinschreibung!**

✏️ **Kontrolliere mit dem Lösungsblatt.**

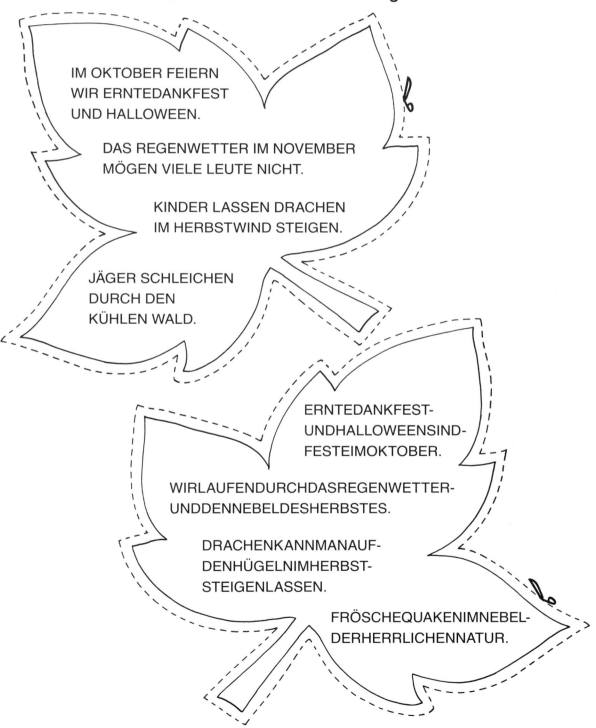

IM OKTOBER FEIERN WIR ERNTEDANKFEST UND HALLOWEEN.

DAS REGENWETTER IM NOVEMBER MÖGEN VIELE LEUTE NICHT.

KINDER LASSEN DRACHEN IM HERBSTWIND STEIGEN.

JÄGER SCHLEICHEN DURCH DEN KÜHLEN WALD.

ERNTEDANKFEST-UNDHALLOWEENSIND-FESTEIMOKTOBER.

WIRLAUFENDURCHDASREGENWETTER-UNDDENNEBELDESHERBSTES.

DRACHENKANNMANAUF-DENHÜGELNIMHERBST-STEIGENLASSEN.

FRÖSCHEQUAKENIMNEBEL-DERHERRLICHENNATUR.

© Verlag an der Ruhr · Postfach 10 22 51 · 45422 Mülheim an der Ruhr · www.verlagruhr.de · ISBN 978-3-8346-0179-7

Abschreiben leicht gemacht!

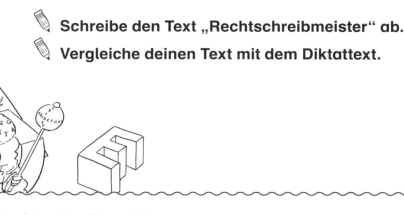

✎ Schreibe den Text „Rechtschreibmeister" ab.

✎ Vergleiche deinen Text mit dem Diktattext.

Rechtschreibmeister

Rechtschreibkönig oder Rechtschreibkönigin wirst du nur,
wenn du die Abschreibtipps unten genau befolgst.
Denn je öfter du ein Wort richtig abschreibst,
umso besser bist du auch bei Diktaten und
im Rechtschreibunterricht insgesamt.
Nur durch Schreiben lernt man Schreiben!
Wenn du beim Vergleichen Fehler selbst findest,
dann gelingt es dir auch bei Diktaten alleine.
Viel Erfolg!

 Hast du Fehler beim Abschreiben gemacht? _____

 Wie viele Fehler hast du selbst gefunden? _____

 Wie viele Fehler hast du beim Vergleichen übersehen?

_____

 Beachte beim Abschreiben folgende Tipps!

1. Merke dir je nach Wortlänge und Schwierigkeit
   ein bis mehrere Wörter!

2. Schaue sie dir genau an und achte auf schwere Stellen!

3. Schreibe sie aus dem Kopf auf!

4. Vergleiche Wort für Wort mit der Vorlage!

© Verlag an der Ruhr · Postfach 10 22 51 · 45422 Mülheim an der Ruhr · www.verlagruhr.de · ISBN 978-3-8346-0179-7

Nachschlagen leicht gemacht!

 Findest du die Grundform?
Schlage in deinem Wörterbuch nach.
Gib dann die passende Seite in deinem Wörterbuch an.

sagten → _____ S: _____   (du) hältst → _____ S: _____

Wünsche → _____ S: _____   verwildert → _____ S: _____

gingen → _____ S: _____   hielten → _____ S: _____

 Wer schlägt am schnellsten nach?
Suche dir einen Partner. Schreibt zeitgleich
die Seitenzahl neben das Wort.

Walkman → S: _____   Schuh → S: _____   küssen → S: _____

Beobachtung → S: _____   Wild → S: _____   Kopf → S: _____

Schleuder → S: _____   Schmied → S: _____   Höflichkeit → S: _____

Schornstein → S: _____   wählen → S: _____   Haar → S: _____

Schneider → S: _____   Lärm → S: _____   Haus → S: _____

 Beachte beim Nachschlagen folgende Tipps!

1. Übe das ABC gut!

2. Wörter mit dem gleichen Anfangsbuchstaben musst du
nach dem zweiten oder dritten Buchstaben ordnen.

3. Suche zu deinem gesuchten Wort die Grundform
und schlage diese nach.

4. Bei Wörtern mit Vorsilben musst du manchmal
die Vorsilbe weglassen und nur das Wort nachschlagen
oder verwandte Wörter suchen.

5. Wörter mit Umlauten (ä, ö, ü) findest du an
entsprechender Stelle bei den passenden
Selbstlauten (a, o, u).

© Verlag an der Ruhr · Postfach 102251 · 45422 Mülheim an der Ruhr · www.verlagruhr.de · ISBN 978-3-8346-0179-7

Fehlersuchdiktat – **Selbstkontrolle**

© Verlag an der Ruhr · 45422 Mülheim an der Ruhr · www.verlagruhr.de · ISBN 978-3-8346-0179-7

 Findest du die 14 Fehler? Berichtige den Text
in deinem Heft mit Hilfe deines Wörterbuches.

 Kontrolliere mit dem Lösungsblatt.

Deutsche Sprache, schwere Sprache!

Viele Läute liefen im Herbststurm zu schüzenden Gebeuden.
Sie verstekten sich vor dem schtarken Wind.
Dazu kam noch ein firchterlicher Regen, der alles durchweichte
und die Sichte erschwerde. Schpeter zogg auch noch nebel auf.
An solchen Tagen blieb man am bessten in seiner Wonung
und wermte sich an der Heitzung.

Wortlistendiktat – **Ableitungen**

© Verlag an der Ruhr · 45422 Mülheim an der Ruhr · www.verlagruhr.de · ISBN 978-3-8346-0179-7

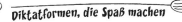 Schreibe verwandte Wörter mit a/au oder e/eu dazu.

Kontrolliere mit dem Lösungsblatt.

Gebäude → _____,	ängstlich → _____,
kämpfen → _____,	Bäcker → _____,
ungefähr → _____,	unzählig → _____,
Päckchen → _____,	häufig → _____,
erzählen → _____,	sorgfältig → _____,
träumen → _____,	Häuser → _____,
Sträucher → _____,	Gemäuer → _____,
Mäuschen → _____,	Wälder → _____.

Lückendiktat – **Zeitformen**

 Setze die richtige Verbform ein.

 Kontrolliere mit dem Lösungsblatt.

Hundeleben

Peter _____ (gehen) mit seinem Hund Bello

_____ (spazieren). Der Hund _____ (riechen)

an vielen Pflanzen. Dann _____ (treffen) die beiden

Peters Freunde. Die Kinder _____ (herumtoben)

mit dem Tier _____. Karl _____ (werfen)

einen Stock und Bello _____

(rennen) hinterher. Er _____

(nehmen) den Stock in sein Maul und

_____ (bringen) ihn zu Peter.

Dieser _____ (geben) ihn seinem

Freund Paul und _____ (fragen):

„_____ (können) du auch so weit

_____ (werfen)?" Paul _____ (antworten):

„Natürlich _____ (können) ich das!" Er _____

(schleudern) den Stock weit von sich. Der Hund _____

(zurückholen) den Ast _____. Nun _____

(wollen) Peter von seinen Freunden _____ (wissen):

„Wann _____ (müssen) ihr wieder nach Hause?" „Oh, wir

_____ (müssen) jetzt _____ (loslaufen)",

_____ (antworten) die Jungen.

Auch Peter _____ (laufen) mit Bello heim.

© Verlag an der Ruhr · Postfach 10 22 51 · 45422 Mülheim an der Ruhr · www.verlagruhr.de · ISBN 978-3-8346-0179-7

Säckchendiktat – harte und weiche Mitlaute

✏️ Schneide die Kärtchen aus und lege sie in ein Säckchen. Ziehe nun ein Kärtchen und diktiere das Wort darauf deinem Partner. Dieser verlängert das Wort und erklärt dann, warum er das Wort am Wortende so schreibt, zum Beispiel „Magnet" am Wortende mit „t", abgeleitet von „Magnete". Wechselt euch mit dem Diktieren ab.

✏️ Kontrolliert, ob das Wort richtig geschrieben ist.

Magnet	niemand	Paket
besetzt	spät	Text
Urlaub	Vorfahrt	Vorsicht
Wald	wild	Zeitung
blind	Hang	fertig
jung	Jugend	Kraft
Weg	Wort	Pferd
Tag	Feld	Geld
Hemd	Kleid	Montag
Kunstwerk	Lob	flink

© Verlag an der Ruhr · Postfach 10 22 51 · 45422 Mülheim an der Ruhr · www.verlagruhr.de · ISBN 978-3-8346-0179-7

Dosendiktat – Ableitungen ä/e, äu/eu?

Schneide die Kärtchen aus und lege sie in eine Dose.
Ziehe dir nun ein Kärtchen aus der Dose.
Schreibe den Satz richtig auf.
Denke an Ableitungen, die dir helfen können.
Ziehe dann das nächsten Kärtchen.

Kontrolliere mit dem Lösungsblatt.

1

M____se (äu/eu) sind
S____getiere (äu/eu).

2

L____te (äu/eu) bek____mpfen (ä/e)
sich auf gef____hrliche (ä/e) Weise.

3

F____chtigkeit (äu/eu)
und N____sse (ä/e) machen
den M____nschen (ä/e) im Winter
zu schaffen.

4

Wir ern____hren (ä/e) uns mit
einer M____nge (ä/e) gesunder
N____hrstoffe (ä/e).

5

Manchmal hat man
h____ssliche (ä/e) Tr____me (äu/eu),
die man keinem erz____hlen (ä/e)
möchte.

6

H____fig (äu/eu) erk____nnt (ä/e)
man die kleinen Kopfl____se (äu/eu)
erst s____hr (ä/e) sp____t (ä/e).

7

H____te (äu/eu) tr____gt (ä/e) man
keine Pelzm____ntel (ä/e) mehr, weil sich
der W____rt (ä/e) eines Tierl____bens (ä/e)
ge____ndert (ä/e) hat.

8

H____te (äu,eu) hat mir ein
fr____ndlicher (äu/eu) M____nsch (a/e)
dabei geholfen, mein Gem____lde (ä/e)
sorgf____ltig (ä/e) auszumalen.

9

____ngstlich (Ä/E) d____nkt (ä/e)
man h____fig (äu/eu) an M____se (äu/eu)
und ____len (äu/eu).

10

Hunde, die b____llen (ä/e),
beißen s____lten (ä/e), sind aber
d____nnoch (ä/e) gef____hrlich (ä/e)!

© Verlag an der Ruhr · Postfach 10 22 51 · 45422 Mülheim an der Ruhr · www.verlagruhr.de · ISBN 978-3-8346-0179-7

Bilddiktat 1 – Zusammengesetzte Nomen

✏️ **Bilde zusammengesetzte Nomen (Namenwörter).**

✏️ **Kontrolliere mit dem Lösungsblatt.**

✏️ **Fallen dir noch mehr Wörter ein?**
Benutze dein Wörterbuch.

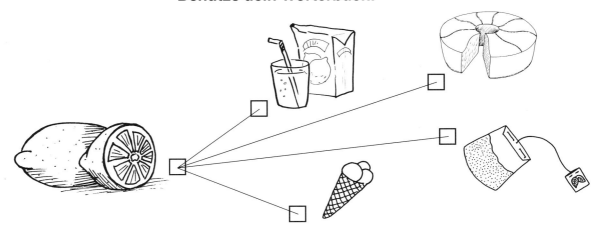

© Verlag an der Ruhr · 45422 Mülheim an der Ruhr · www.verlagruhr.de · ISBN 978-3-8346-0179-7

Bilddiktat 2 – Zusammengesetzte Nomen

✏️ **Bilde zusammengesetzte Nomen (Namenwörter).**

✏️ **Kontrolliere mit dem Lösungsblatt.**

✏️ **Fallen dir noch mehr Wörter ein?**
Benutze dein Wörterbuch.

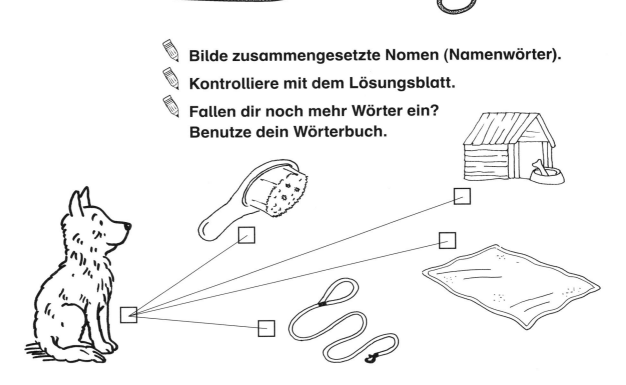

© Verlag an der Ruhr · 45422 Mülheim an der Ruhr · www.verlagruhr.de · ISBN 978-3-8346-0179-7

Rätseldiktat 1 – Zusammengesetzte Nomen

© Verlag an der Ruhr · 45422 Mülheim an der Ruhr · www.verlagruhr.de · ISBN 978-3-8346-0179-7

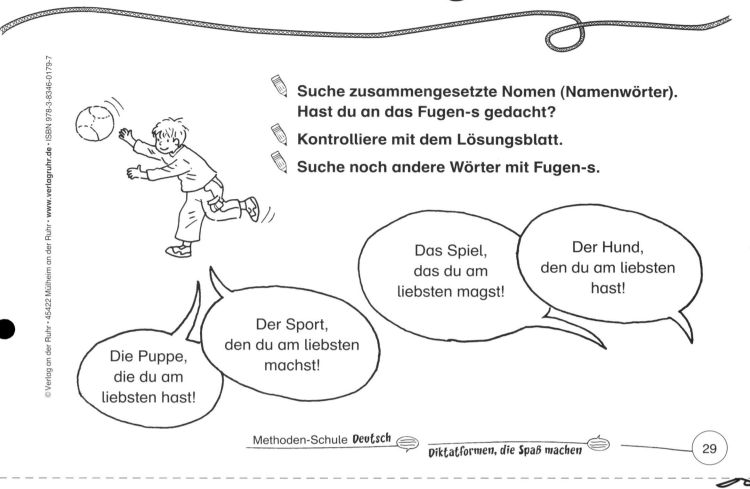

✎ Suche zusammengesetzte Nomen (Namenwörter). Hast du an das Fugen-s gedacht?

✎ Kontrolliere mit dem Lösungsblatt.

✎ Suche noch andere Wörter mit Fugen-s.

Das Spiel, das du am liebsten magst!

Der Hund, den du am liebsten hast!

Der Sport, den du am liebsten machst!

Die Puppe, die du am liebsten hast!

Rätseldiktat 2 – Zusammengesetzte Nomen

© Verlag an der Ruhr · 45422 Mülheim an der Ruhr · www.verlagruhr.de · ISBN 978-3-8346-0179-7

✎ Bilde die zusammengesetzten Nomen (Namenwörter).

✎ Kontrolliere mit dem Lösungsblatt.

✎ Suche noch andere Wörter mit drei gleichen Buchstaben.

Ein Licht im Stall

Eine Fahrt mit einem Schiff

Ein Tropfen von Fett

Ein Fetzen von einem Stoff

Rätseldiktat 3 – Zusammengesetzte Adjektive

✏️ **Schreibe die Sätze mit zusammengesetzten Adjektiven (Eigenschaftswörtern).**

✏️ **Kontrolliere mit dem Lösungsblatt.**

✏️ **Suche selbst noch mindestens drei zusammengesetzte Eigenschaftswörter und bilde Sätze.**

1. Das Kissen ist rot wie Blut.   *Das Kissen ist blutrot.*

2. Der Pudding schmeckt süß wie Zucker.   _____

3. Meine Bluse ist weiß wie Schnee.   _____

4. Susis Haare sind schwarz wie die Nacht.   _____

5. Der Kuchen ist süß wie Honig.   _____

6. Das Wasser ist kalt wie Eis.   _____

Rätseldiktat 4 – Zusammengesetzte Adjektive

✏️ **Schreibe die zusammengesetzten Adjektiven (Eigenschaftswörtern) in Sätzen mit Vergleichen.**

1. zuckersüß   *Der Kuchen ist süß wie Zucker.*

2. haushoch   _____

3. bildschön   _____

4. stocksteif   _____

5. strohdumm   _____

© Verlag an der Ruhr · 45422 Mülheim an der Ruhr · www.verlagruhr.de · ISBN 978-3-8346-0179-7

Hördiktat/Lückendiktat – Zusammensetzungen

© Verlag an der Ruhr · Postfach 102251 · 45422 Mülheim an der Ruhr · www.verlagruhr.de · ISBN 978-3-8346-0179-7

✎ Hör dir das Jahreszeiten-Hördiktat auf der Kassette an.

✎ Ergänze passende zusammengesetzte Adjektive (Eigenschaftswörter) und Nomen (Namenwörter).

✎ Kontrolliere mit dem Lösungsblatt.

Jahreszeiten

Der _____ ist _____

und _____. Es macht Spaß, in der

_____ Nacht am _____

_____ vorbeizugehen und zum _____

Fluss hinunterzulaufen. Im _____ färben sich manche

Blätter _____ und manche _____.

Die _____ werden _____ und _____.

Im _____ Winter tragen nur noch die _____

_____ Nadeln, die von _____ bedeckt sind.

Im Frühling zeigen sich wieder _____ Blättchen und

_____ _____. Der Sommer bringt

_____ und _____

Farben. Welche _____ findest

du am _____?

Säckchendiktat – Doppelmitlaute

✏ Schneide die Kärtchen aus und lege sie in ein Säckchen. Ziehe nun ein Kärtchen und schau dir das Wort genau an. Schreibe das Wort auf. Doppelt oder nicht?

✏ Kontrolliere mit dem Lösungsblatt.

wo___en (ll/l)	le___en (ss/s)	spa___en (rr/r)	Hau___en (ff/f)
Wa___er (ss/s)	du___kel (nn/n)	Ja___er (mm/m)	Hi___el (mm/m)
Schlo___ (ss/s)	da___ (nn/n)	Scha___en (tt/t)	Rah___en (mm/m)
i___er (mm/m)	Be___ (tt/t)	He___ (rr/r)	ke___en (nn/n)
Trä___e (nn/n)	Su___e (pp/p)	verge___en (ss/s)	lau___en (ff/f)
Tre___e (pp/p)	Bri___e (ll/l)	Be___en (ss/s)	lei___e (ss/s)
Leh___er (rr/r)	Ma___ (nn/n)	Scha___ (ff/f)	Rei___e (ss/s)
re___en (nn/n)	kö___en (nn/n)	scha___en (ff/f)	wi___en (ss/s)

© Verlag an der Ruhr · Postfach 102251 · 45422 Mülheim an der Ruhr · www.verlagruhr.de · ISBN 978-3-8346-0179-7

Hördiktat – Doppelmitlaute

© Verlag an der Ruhr · 45422 Mülheim an der Ruhr · www.verlagruhr.de · ISBN 978-3-8346-0179-7

 Hör genau hin! Dein Partner diktiert dir Teil 1
des Hördiktats zu den Doppellauten. Schreibe es auf!

 Dann diktierst du deinem Partner den zweiten Teil.
Am Schluss korrigiert ihr eure Texte gegenseitig.

Teil 1:
Anne steigt aus dem **Bett** und sucht ihre **Brille**. Sie **muss** doch irgendwo sein. **Vielleicht** ist sie noch im **Keller**? **Schnell** läuft sie die **Treppe** runter. Aber dafür **muss** sie erst mal den **Kellerschlüssel** finden.

Teil 2:
Im **Schloss** spuken viele Geister. Einige **schwimmen** sogar im **Schlossgraben**. Andere fahren lieber mit dem **Schiff**. Wenn dich das **Jammern** der Geister nicht stört, **willst** du **vielleicht** auch mal zum Schloss?

Wendediktat – ck oder k?

© Verlag an der Ruhr · 45422 Mülheim an der Ruhr · www.verlagruhr.de · ISBN 978-3-8346-0179-7

 Schreibe den Text als Wende-Diktat auf die Rückseite. Ergänze ck oder k. Führe eine Strichliste, wie oft du das Diktat wenden musstest.

 Kontrolliere mit dem Lösungsblatt.

Die Schne___e hat ein wir___lich schönes Haus auf ihrem Rü___en und ___riecht

damit nach lin___s und rechts. Rü___wärts ___ann sie nicht ___riechen.

Unterwegs wird sie von einem ___na___en aufgeschre___t. Ein ___ind hatte

seine ___e___se verloren. Da wurde die ___leine Schne___e glü___lich zum

Feinschme___er und setzte dann in der Dun___elheit ihre Entde___ungsreise

fort. Dabei traf sie ein Tier, das genauso langsam ist wie sie selbst.

Wen wohl? _____

Würfeldiktat – Wörter mit tz

✏️ **Würfelt mit 2 Würfeln. Zählt die Augen zusammen und schreibt den Satz mit der entsprechenden Augenanzahl ab. Setzt z oder tz ein.**

✏️ **Wenn ihr alle Sätze erwürfelt habt, kontrolliert sie mit dem Lösungsblatt.**

2. Je____t kann ich den Pur____elbaum ohne Unterstü____ung.

3. Plö____lich finden wir den Scha____.

4. Erhi____t he____en wir zur Dusche.

5. Wenn der Lehrer kommt, si____en wir bli____schnell auf unserem Pla____.

6. Ich schä____e, dass jeder im Winter hei____en muss.

7. Pan____er haben im Frieden keinen Pla____.

8. Ein Sa____ se____t sich aus Wörtern zusammen.

9. Eine Wan____e ist ein Tier, das man auch Unge____iefer nennt.

10. Wer verschläft, muss bli____schnell in die Schule he____en.

11. Ein Sonnenschirm bietet Schu____ vor der Hi____e.

12. Die Ka____e schlägt mit der Ta____e nach dem Sofa.

© Verlag an der Ruhr · Postfach 102251 · 45422 Mülheim an der Ruhr · www.verlagruhr.de · ISBN 978-3-8346-0179-7

Schleichdiktat/Rätseldiktat – ß-Wörter

 Schreibe den Text als Schleichdiktat.

 Von welchen Tieren weißt du den Namen?
Schreibe ihn dazu.

Kontrolliere mit dem Lösungsblatt.

Großkatzen leben in Afrika und gehen oft gemeinsam auf die Jagd. Sie beißen sich in ihrer Nahrung fest und reißen diese mit den großen Reißzähnen. _____

Ein besonders schnelllaufender Vogel kann seine Federn zu einem großen Rad öffnen und wieder schließen. Auch er lebt in heißen Ländern. _____

Schließlich gibt es noch fleißige Tiere, die süßen Honig herstellen.

_____

Bloß, wenn das Wasser im Fluss sanft dahinfließt, kann man diese Tiere sehen. Sie stoßen manchmal an die Oberfläche, um ihr Maul für eine Mücke aufzureißen.

_____

Rätseldiktat – Doppel-s

 Findest du das Gegenteil?

 Suche Wörter mit Doppel-s und schreibe sie auf.

 Kontrolliere mit dem Lösungsblatt.

trocken → _____

Liebe → _____

merken → _____

offen → _____

verhindern → _____

Anfang → _____

Vertrauen → _____

© Verlag an der Ruhr · 45422 Mülheim an der Ruhr · www.verlagruhr.de · ISBN 978-3-8346-0179-7

Zeitendiktat – Doppelmitlaute

✏️ Ergänze die fehlenden Zeitformen in der Tabelle.
Denke dabei an die Regel zu den Doppelmitlauten.
Die Schreibung kann sich ändern. Du kannst auch
im Wörterbuch nachschlagen.

✏️ Kontrolliere mit dem Lösungsblatt.

Grundform	Gegenwart	1. Vergangenheit	2. Vergangenheit
wissen	ich weiß	ich wusste	ich habe gewusst
essen	ich		
sitzen	ich		
vergessen	ich		

Grundform	Gegenwart	1. Vergangenheit	2. Vergangenheit
schießen	ich	ich schoss	ich habe geschossen
gießen	ich		
beißen	ich		
fließen	es		

Grundform	Gegenwart	1. Vergangenheit	2. Vergangenheit
schließen	ich		
		ich riss	
		ich aß	
			ich habe gelassen

© Verlag an der Ruhr · Postfach 102251 · 45422 Mülheim an der Ruhr · www.verlagruhr.de · ISBN 978-3-8346-0179-7

Lügendiktat – s-Laute

 Setze die s-Laute (s, ss oder ß) richtig ein. Kreuze an, ob der vollständige Satz wahr oder falsch ist.

 Kontrolliere mit dem Lösungsblatt.

1. Wi____en ist Macht! → .... ☐ ja ☐ nein

2. Ein Strau____ ist kein Vogel. → .... ☐ ja ☐ nein

3. Eine Mau____ ist grö____er als ein Nashorn. → .... ☐ ja ☐ nein

4. Eine Lau____ ist eine Sü____igkeit. → .... ☐ ja ☐ nein

5. Ein Pirat kann schie____en und
   den Feind mit einem Schu____ töten. → .... ☐ ja ☐ nein

6. In einem Flu____ flie____t Wa____er. → .... ☐ ja ☐ nein

7. Es gibt Wa____erstra____en. → .... ☐ ja ☐ nein

8. Wenn du dir hei____e So____e über
   die Finger gie____t, macht das Spa____. → .... ☐ ja ☐ nein

9. Schlie____lich macht man
   Hau____aufgaben blo____ für den Lehrer. → .... ☐ ja ☐ nein

10. Wei____e Wände gibt es nicht. → .... ☐ ja ☐ nein

11. Ohne Flei____ kein Prei____! → .... ☐ ja ☐ nein

12. Einen Rei____verschlu____
    kann man schlie____en. → .... ☐ ja ☐ nein

© Verlag an der Ruhr · Postfach 10 22 51 · 45422 Mülheim an der Ruhr · www.verlagruhr.de · ISBN 978-3-8346-0179-7

Lückendiktat – das oder dass?

 Setze „das" oder „dass" richtig ein.
Denke dabei an folgende Regel:
Wenn du für **das, dieses** oder **welches** sagen kannst,
dann schreibst du **das** mit einem **s**.

 Kontrolliere mit dem Lösungsblatt.

Das Tier, _____ mir am besten gefällt, ist ein Hund. Es stimmt nämlich, _____ Hunde sehr gelehrig sind. Sie bringen _____ Stöckchen, _____ man wirft. Sie geben _____ Pfötchen, _____ man verlangt. Sie wollen, _____ man sich mit ihnen beschäftigt. Sie können vieles lernen, _____ Menschen brau-chen. Zum Beispiel gibt es Lawinenhunde, die im Schnee suchen, so_____ Leben gerettet werden. Ein Hund kann _____ treuste Tier sein, _____ es gibt. Allerdings muss man ihn gut behandeln. Der Hund will, _____ man täglich mit ihm spazieren geht. Es ist falsch, _____ manche Leute ihren Hund schlagen.

© Verlag an der Ruhr · 45422 Mülheim an der Ruhr · www.verlagruhr.de · ISBN 978-3-8346-0179-7

Hördiktat – s-Laute und das/dass

 Lass dir den gruseligen Text diktieren und schreibe ihn auf. Achte besonders auf die s-Laute und die Schreibweise des Wörtchens „das".

Das Vampirschloss

Ist es wahr, dass es Vampire gibt? Es heißt, dass sie Menschen in den Hals beißen. Das Spiegelbild, das Vampire erzeugen, ist nicht zu sehen. Manche reißen sich um so eine Geschichte. Das finden sie gruselig oder bloß spaßig. Schließlich weiß jeder, dass es diese Vampire in Wirklichkeit nicht gibt. Es wird also kein Blut fließen, aber wir können Bücher über große Vampire, zum Beispiel Graf Dracula, lesen.

© Verlag an der Ruhr · 45422 Mülheim an der Ruhr · www.verlagruhr.de · ISBN 978-3-8346-0179-7

Gummibärchendiktat – sp und st

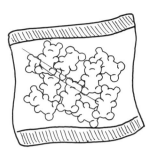

✏️ Lass dir von deinem Partner einen Gummibärchen-Satz diktieren. Schreibe ihn auf. Wenn ihr die Schreibweise verglichen habt und du alles richtig geschrieben hast, darfst du dir bei deiner Lehrerin oder deinem Lehrer das Gummibärchen in der passenden Farbe holen. Nun diktierst du und dein Partner schreibt.

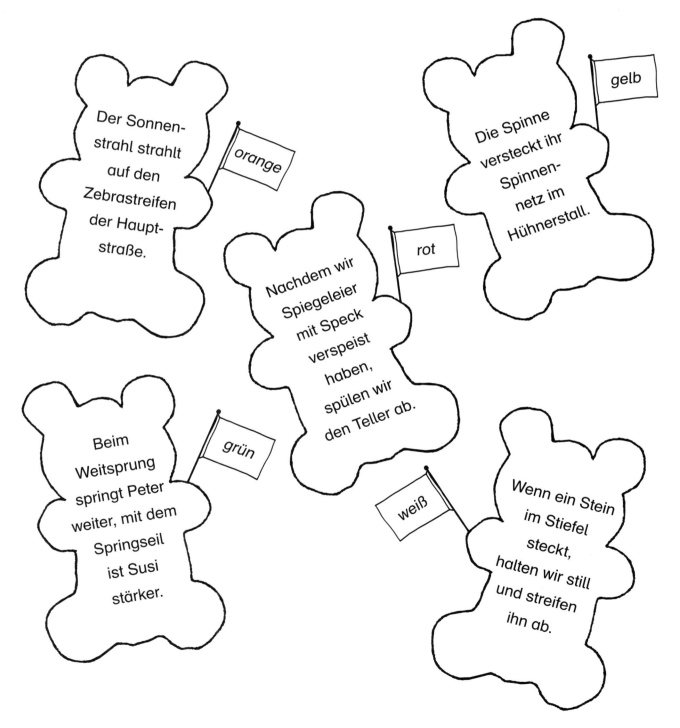

Der Sonnenstrahl strahlt auf den Zebrastreifen der Hauptstraße.

orange

Die Spinne versteckt ihr Spinnennetz im Hühnerstall.

gelb

Nachdem wir Spiegeleier mit Speck verspeist haben, spülen wir den Teller ab.

rot

Beim Weitsprung springt Peter weiter, mit dem Springseil ist Susi stärker.

grün

Wenn ein Stein im Stiefel steckt, halten wir still und streifen ihn ab.

weiß

© Verlag an der Ruhr · Postfach 10 22 51 · 45422 Mülheim an der Ruhr · www.verlagruhr.de · ISBN 978-3-8346-0179-7

Lügendiktat – chs, cks, x, gs, ks

✏️ Ergänze die passenden Buchstaben und kreuze an, ob der vollständige Satz der Wahrheit entspricht oder eine Lüge ist.

✏️ Kontrolliere mit dem Lösungsblatt.

1. Eine He____e kann auf einem Besen reiten. ➡ .... ☐ ja ☐ nein

2. Ein Gewä____ ist ein Haus. ➡ .... ☐ ja ☐ nein

3. Blindlin____ bedeutet:
   Man tut etwas ohne Nachdenken. ➡ .... ☐ ja ☐ nein

4. La____ und Fu____ sind Fische. ➡ .... ☐ ja ☐ nein

5. Eine A____t braucht man in einer
   Arztpra____is. ➡ .... ☐ ja ☐ nein

6. Mit dem Mi____er schreibt
   man in der Schule die Note Se____. ➡ .... ☐ ja ☐ nein

7. Wenn man e____tra ein Ta____i nimmt,
   dann kommt man fi____er an. ➡ .... ☐ ja ☐ nein

8. Eine Eide____e kann Kle____e
   in die Wolke machen. ➡ .... ☐ ja ☐ nein

9. Einen Te____t sollte man immer
   so üben, dass man ihn mit rechts
   und lin____ schreiben kann. ➡ ...... ☐ ja ☐ nein

© Verlag an der Ruhr · Postfach 10 22 51 · 45422 Mülheim an der Ruhr · www.verlagruhr.de · ISBN 978-3-8346-0179-7

Smiley-Diktat – chs, cks, x, gs, ks

✏️ **Kannst du die Wörter sprechen und ergänzen?**
Schreibe die Smiley-Wörter vollständig in dein Heft.

✏️ **Kontrolliere mit dem Lösungsblatt.**

He😊e

Pra😊is

mitta😊

fi😊

Gewä😊

A😊el

Ta😊i

A😊t

Fa😊

Fu😊

e😊akt

La😊

mi😊en

se😊

blindlin😊

Kle😊

Te😊t

Ke😊

unterwe😊

Eide😊e

© Verlag an der Ruhr · Postfach 102251 · 45422 Mülheim an der Ruhr · www.verlagruhr.de · ISBN 978-3-8346-0179-7

Würfeldiktat – v-Wörter

 Würfelt abwechselnd mit zwei Würfeln.
Zählt die Augen zusammen und schreibt den Satz
mit der entsprechenden Augenanzahl ab.

 Würfelt so lange, bis alle Sätze geschrieben sind.
Dann tauscht eure Texte aus und
korrigiert sie gegenseitig.

 2 Die Veilchen werden in die Vase voll Wasser gestellt.

 3 Alle Väter wünschen sich brave Kinder.

 4 Im Advent spielt man Klavier.

 5 Manchmal brauchen Lehrer viele Nerven.

 6 Im November tragen viele einen Pullover.

 7 Ein Vulkan kann viele Völker verschütten.

 8 Es ist nur vernünftig, seine Hausaufgabe nicht zu oft zu vergessen.

 9 Vögel verspeisen Körner und manchmal Larven.

 10 Vorsichtig sollte man sich im Verkehr verhalten.

 11 Im Sportverein kann man sich eine Verletzung holen.

 12 Die Verschmutzung der Umwelt ist verboten.

© Verlag an der Ruhr · Postfach 10 22 51 · 45422 Mülheim an der Ruhr · www.verlagruhr.de · ISBN 978-3-8346-0179-7

Wortartendiktat – ver- und vor-

✎ Ergänze die fehlenden verwandten Wörter und unterstreiche jeweils die Vorsilbe.

✎ Kontrolliere mit dem Lösungsblatt.

Verb (Zeitwort)	Nomen (Namenwort)
verlieren	→ _____
vorgehen	→ _____
verbrennen	→ _____
verletzen	→ _____
verpacken	→ _____
vorfahren	→ _____
vorsehen	→ _____
vergessen	→ _____
vereinen	→ _____
verschmutzen	→ _____
verbieten	→ _____

verlieren
→ Ver...?

© Verlag an der Ruhr · Postfach 102251 · 45422 Mülheim an der Ruhr · www.verlagruhr.de · ISBN 978-3-8346-0179-7

© Verlag an der Ruhr • 45422 Mülheim an der Ruhr • www.verlagruhr.de • ISBN 978-3-8346-0179-7

Säckchendiktat – f oder v?

🖉 Schneide die Kärtchen aus und lege sie
in ein Säckchen. Ziehe ein Kärtchen und schreibe
das Wort richtig auf. Musst du V/v oder F/f einsetzen?

🖉 Kontrolliere mit dem Lösungsblatt.

__erraten	__ernglas	__ertig	__erkel
__ernsehen	__orgehen	__ordern	__orsichtig
__olgen	__erbrennung	__erlust	__ergessen
__erien	__ormachen	__orfahrt	__erletzung
__erbot	__ernunft	__erschmutzung	__erein

Lückendiktat – f oder v?

🖉 Ergänze V/v oder F/f.

🖉 Kontrolliere mit dem Lösungsblatt.

__orsichtig müssen wir uns mit dem __ahrrad im __erkehr __erhalten.

Bei der Rad__ahrprü__ung muss man Vor__ahrt achten und

sollte sich nicht __er__ahren. Also möglichst __iele __ehler

__erhindern, sodass wir die Prü__ung bestehen.

Auch ein __erkehrssicheres __ahrrad gehört zur

Sicherheit. __ernünftig ist es auch, ö__ter einmal

seine __entile an den Rei__en zu überprü__en.

Wendediktat – Dehnungs-h

✏️ **Lies dir die Sätze einmal durch. Merke dir ein paar Wörter und drehe das Blatt um. Schreibe den gemerkten Text auf die Rückseite. Drehe um und vergleiche. Fahre so weiter fort und vergleiche am Ende noch einmal. Führe eine Strichliste, wie oft du das Blatt wenden musstest.**

Die Bahn fährt an einer Kuhweide vorbei.

Die Lehrerin geht zu ihrem Stuhl.

Im Frühling blüht der Kaktus.

Wer ehrlich ist, erzählt immer die Wahrheit.

Wer froh ist, hat ein gutes Gefühl.

Der Draht in der Glühbirne beginnt zu glühen.

© Verlag an der Ruhr · 45422 Mülheim an der Ruhr · www.verlagruhr.de · ISBN 978-3-8346-0179-7

Wortartendiktat – Dehnungs-h

✏️ **Suche die Grundformen zu den Wörtern mit Dehnungs-h.**

✏️ **Kontrolliere mit dem Lösungsblatt.**

 Rechtschreibtipp: In der Grundform hörst du dann oft das h.

	Grundform			**Grundform**
er geht	→ _____		es geschieht	→ _____
sie zieht	→ _____		er steht	→ _____
sie sieht	→ _____		es blüht	→ _____
sie dreht	→ _____		es weht	→ _____

© Verlag an der Ruhr · 45422 Mülheim an der Ruhr · www.verlagruhr.de · ISBN 978-3-8346-0179-7

Dosendiktat – langes i

✏️ Schneide die Sätze aus und lege sie in eine Dose. Ziehe einen Satzstreifen aus der Dose und diktiere ihn deinem Partner. Wechsel dich mit deinem Partner ab, bis alle Streifen verbraucht sind.

✏️ Vergleicht jeweils den Text des anderen mit Hilfe der Streifen. Verbessert eure Fehler.

Die Lawine verschüttet die Stromturbine.

Im Kino läuft ein Film über Nilpferde.

Mit einer Umrührmaschine vermischt der Apotheker die Medizin.

Die Bibel ist das wichtigste Buch der Christen.

Wir essen Pralinen und Apfelsinen.

Die Kaffeemaschine steht in der Küche.

Der Igel und der Tiger sind Tiere.

Ein Krokodil lebt im Wasser.

Einen Arzttermin soll man nicht vergessen.

Wichtige Vitamine sind in Apfelsinen.

Benzin bekommt man an der Tankstelle.

Igel überwintern unter Laub.

Die Waage zeigt Kilogramm an.

Eine Lawine ist sehr gefährlich.

© Verlag an der Ruhr · Postfach 102251 · 45422 Mülheim an der Ruhr · www.verlagruhr.de · ISBN 978-3-8346-0179-7

Wortlistendiktat – ie-Laut

 Finde selbst Reimwörter mit „ie".

 Kontrolliere mit dem Lösungsblatt.

fliegen → l_____, s_____, w_____, kr_____, b_____

Brief → sch_____, t_____, (er) r_____, (er) schl_____, (er) l_____

ziehen → fl_____, kn_____

viel → Sp_____, Z_____, K_____

nie → s_____, d_____, w_____, Kn_____

Schiene → B_____

Fliege → L_____, S_____, Z_____

Sieb → D_____, l_____, H_____, (er) r_____,

Eigendiktat – Verben mit –ieren

 Ergänze den Wortbaustein „-ieren".
Kontrolliere mit dem Lösungsblatt.
Findest du noch ein eigenes „-ieren"-Wort?

 Schreibe selbst sinnvolle Sätze zu den Verben.
Daraus kann ein Eigendiktat entstehen.

telefon_____,

skizz_____,

gratul_____,

spaz_____,

pass_____,

prob_____,

repar_____,

kap_____,

kass_____,

_____.

© Verlag an der Ruhr · 45422 Mülheim an der Ruhr · www.verlagruhr.de · ISBN 978-3-8346-0179-7

Lückendiktat – alle i-Laute

✏️ Setze den fehlenden i-Laut ein.
Entscheide, ob i oder ie hineingehört. Sprich deutlich!

✏️ Kontrolliere mit dem Lösungsblatt.

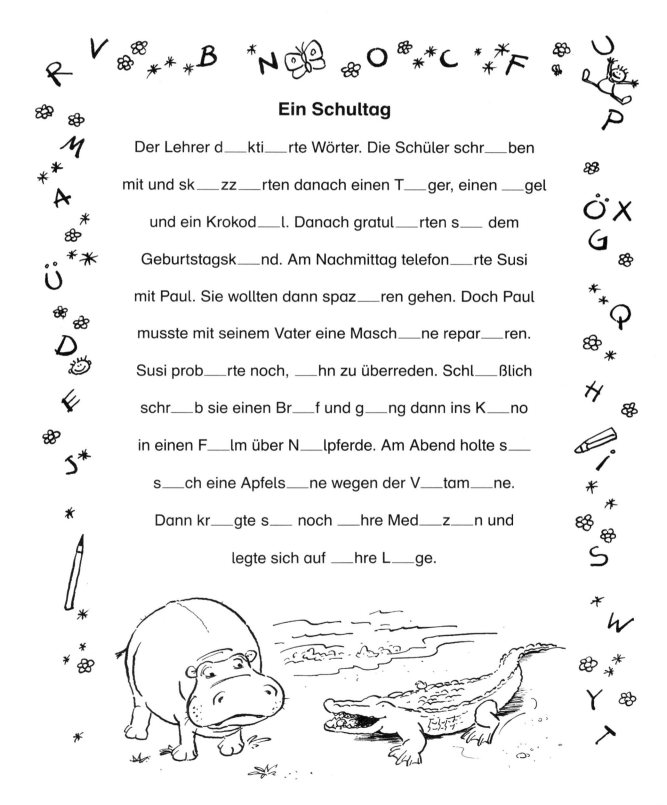

Ein Schultag

Der Lehrer d__kti__rte Wörter. Die Schüler schr__ben

mit und sk__zz__rten danach einen T__ger, einen __gel

und ein Krokod__l. Danach gratul__rten s__ dem

Geburtstagsk__nd. Am Nachmittag telefon__rte Susi

mit Paul. Sie wollten dann spaz__ren gehen. Doch Paul

musste mit seinem Vater eine Masch__ne repar__ren.

Susi prob__rte noch, __hn zu überreden. Schl__ßlich

schr__b sie einen Br__f und g__ng dann ins K__no

in einen F__lm über N__lpferde. Am Abend holte s__

s__ch eine Apfels__ne wegen der V__tam__ne.

Dann kr__gte s__ noch __hre Med__z__n und

legte sich auf __hre L__ge.

© Verlag an der Ruhr · Postfach 102251 · 45422 Mülheim an der Ruhr · www.verlagruhr.de · ISBN 978-3-8346-0179-7

Rätseldiktat – Doppelselbstlaute

 Findest du alle fehlenden Rätselwörter?
Achtung! Sie haben alle einen Doppelselbstlaut.

 Achte auf die Groß- und Kleinschreibung!

 Kontrolliere mit dem Lösungsblatt.

1. Am besten kämmst du deine _____ auf dem Kopf jeden Morgen.

2. Wenn Mann und Frau zusammen sind, werden sie ein _____.

3. Ein anderes Wort für Ozean ist _____.

4. Blumen wachsen im _____ im Garten.

5. Wenn ein Glas _____ ist, dann ist nichts mehr darin.

6. Kleiner als der Ozean ist ein _____ oder ein Fluss.

7. Am Morgen trinkt man _____ oder _____.

8. Wenn jemand einen guten Einfall hat, dann hat er eine gute _____.

9. Mein Gewicht kann ich an der _____ ablesen.

10. Mit dem _____ fährst du aufs Meer hinaus.

11. Im Winter fällt _____ vom Himmel.

12. Ein leckerer Obstkuchen ist mit Erd _____ belegt.

13. Eine gute _____ kann Wünsche erfüllen.

14. Ein sehr großes Zimmer nennt man

    auch _____.

 Zusatzarbeit für Schnelldenker:

   1. Schreibe selbst Sätze mit den Lösungswörtern.

   2. Suche eigene Rätsel für die Lösungswörter.

© Verlag an der Ruhr · Postfach 102251 · 45422 Mülheim an der Ruhr · www.verlagruhr.de · ISBN 978-3-8346-0179-7

Gummibärchendiktat/Hördiktat – Dehnungen

✏ Lass dir von deinem Partner den Gummibärchen-Satz diktieren. Schreibe ihn auf. Hör genau hin, das kann eine Hilfe sein!

✏ Kontrolliere mit dem Lösungsblatt. Wenn du alles richtig geschrieben hast, darfst du dir bei deiner Lehrerin oder deinem Lehrer das Gummibärchen in der passenden Farbe holen.

✏ Nun diktierst du und dein Partner schreibt.

Die Kaff____masch____ne, das S____b, der T___f___lter und noch me____r Geräte si___t man in der Küche.
(oranges Gummibärchen)

Der D____b schleicht durch den großen S___l und wü____lt im U___renkasten nach Schmuck, aber er fü____lt nur eine Apfels____ne.
(gelbes Gummibärchen)

Im Frü____ling blü____t alles, wenn die S____t aufgegangen ist.
(weißes Gummibärchen)

V___le Menschen L____ben es, am M____r oder am S____ spaz____ren zu gehen.
(rotes Gummibärchen)

Im B____t wachsen Erdb____ren, die v____le V___tam____ne und Nä____rstoffe bes____tzen.
(grünes Gummibärchen)

© Verlag an der Ruhr · Postfach 102251 · 45422 Mülheim an der Ruhr · www.verlagruhr.de · ISBN 978-3-8346-0179-7

Lückendiktat – Verwechslungswörter (1/2)

 Setze das passende Wort richtig ein.

 Kontrolliere mit dem Lösungsblatt.

weckst/wächst:

„Du _____ mich immer zu früh!", beschwert sich Klaus bei Mutter.

Im Gartenbeet _____ eine wunderschöne Rose.

Uhr/Ur:

Ich liebe meinen ____opa!

Meine ____ zeigt gerade Schulbeginn an!

fiel/viel:

Peter _____ müde ins Bett.

Zum Geburtstag bekam Peter _____ Geld.

man/Mann:

Ein _____ kann eine Frau heiraten.

In Deutschland muss _____ zur Schule gehen.

Namen/nahmen:

Paul und Hans _____ in Englisch Nachhilfeunterricht.

Die _____ aller Kinder stehen in der Klassenliste.

Meer/mehr:

Wir baden im Sommer gerne im _____.

Manche Menschen wollen immer _____ Geld.

 Zusatzaufgabe für Schnelldenker:

Schreibe selbst Sätze mit den Verwechslungswörtern.

© Verlag an der Ruhr · Postfach 102251 · 45422 Mülheim an der Ruhr · www.verlagruhr.de · ISBN 978-3-8346-0179-7

Setze das passende Wort richtig ein.

 Kontrolliere mit dem Lösungsblatt.

Rat/Rad:

Ein Sprichwort sagt: Guter _____ ist teuer!

An diesem Auto fehlt ja ein _____.

 Bund/bunt:

Kräuter kann man in einem _____ kaufen.

Im Sommer sind die Blumen _____.

Gans/ganz:

An Weihnachten isst man oft _____.

Ich bin _____ glücklich über mein Weihnachtsgeschenk.

 Blüte/blühte:

Die Rose hat eine schöne rote _____.

Im Winter _____ keine Tulpe im Garten.

sie/sieh:

Am Montag geht _____ zur Arbeit.

Petra ruft: „_____ mal, ein Blitz!"

 seid/seit:

Leo fragt seine Freunde: „_____ ihr schon eingeschlafen?"

Leo ist _____ zwei Monaten im Tennisclub.

 Zusatzaufgabe für Schnelldenker:

Schreibe selbst Sätze mit den Verwechslungswörtern.

© Verlag an der Ruhr · Postfach 10 22 51 · 45422 Mülheim an der Ruhr · www.verlagruhr.de · ISBN 978-3-8346-0179-7

Satzzeichendiktat

 **Füge die fehlenden Satzzeichen
(Punkt, Doppelpunkt, Komma, Ausrufezeichen,
Fragezeichen) und Redezeichen ein.**

 Vergleiche mit dem Lösungsblatt.

Vater sagt   Du bekommst von mir immer
5 € wenn du eine Eins schreibst

Der Sohn antwortet   Können wir nicht klein anfangen
Gib mir einfach für jede Fünf
einen Euro

Der Biolehrer will wissen   Warum enthält die Milch auch Fett

Peter antwortet   Ich vermute damit die Euter beim
Melken nicht quietschen

Fragt Paul seinen Freund   Hattest du die Grippe auch so
schlimm wie ich

Der Junge antwortet   Viel schlimmer denn ich hatte
sie in den Ferien

Sagt die Lehrerin zu Tim   Sieht das nicht wie die Schrift
deines Vaters aus

Tim erwidert   Durchaus möglich weil ich seinen
Füller benutzt habe

© Verlag an der Ruhr · Postfach 10 22 51 · 45422 Mülheim an der Ruhr · www.verlagruhr.de · ISBN 978-3-8346-0179-7

Lügendiktat/Schleichdiktat – **Fremdwörter**

 Schreibe den Satz ab, der wahr sein kann.

 Vergleiche mit dem Lösungsblatt.

☐ Ich schiebe eine Diskette in meinen Computer.

☐ Ich schiebe eine Diskette in den Backofen.

☐ Ich schiebe das Handy in meinen Computer.

☐ Ich rufe Peter mit dem Handy in der Arbeit an.

☐ Paul liebt Erdbeerjogurt.

☐ Jogurt ist eine Fleischsorte.

☐ Mama kocht gerne Spagetti mit Soße.

☐ Die Mutter nimmt Spagettisoße zum Malen.

☐ In einer Bibliothek findet man viele Bücher in Regalen.

☐ In eine Bibliothek geht man zum Essen.

☐ Fast jedes Kind besitzt heute eine Jeans.

☐ Jeans ist eine Quarksorte.

☐ Sofa ist ein anderes Wort für Couch.

☐ Sessel ist ein anderes Wort für Couch.

☐ Die Leute, die zum Arzt gehen, nennt man Patienten.

☐ Patienten fahren mit dem öffentlichen Bus.

© Verlag an der Ruhr · Postfach 10 22 51 · 45422 Mülheim an der Ruhr · www.verlagruhr.de · ISBN 978-3-8346-0179-7

Lösungen

© Verlag an der Ruhr · Postfach 10 22 51 · 45422 Mülheim an der Ruhr · www.verlagruhr.de · ISBN 978-3-8346-0179-7

Schleichdiktat – **Groß- und Kleinschreibung** *(S. 20/21)*

Im Herbst ernten wir viele Früchte.
Die Eichhörnchen verstecken Nüsse in der feuchten Erde.
Die Zugvögel fliegen nach Süden in die Sonne.
Igel verstecken sich unter bunten Blättern.

Die Tage werden kürzer und nebliger.
Der Oktober wird auch als goldener Monat bezeichnet.
Die Sonne scheint nicht mehr so warm wie im Sommer.
Viele Tiere sammeln Wintervorräte.

Im Oktober feiern wir Erntedankfest und Halloween.
Das Regenwetter im November mögen viele Leute nicht.
Kinder lassen Drachen im Herbstwind steigen.
Jäger schleichen durch den kühlen Wald.

Erntedankfest und Halloween sind Feste im Oktober.
Wir laufen durch das Regenwetter und den Nebel des Herbstes.
Drachen kann man auf den Hügeln im Herbst steigen lassen.
Frösche quaken im Nebel der herrlichen Natur.

Fehlersuchdiktat – **Selbstkontrolle** *(S. 24)*

Deutsche Sprache, schwere Sprache

Viele **Leute** liefen im Herbststurm zu **schützenden Gebäuden**.
Sie **versteckten** sich vor dem **starken** Wind.
Dazu kam noch ein **fürchterlicher** Regen, der alles durchweichte
und die **Sicht erschwerte**. **Später zog** auch noch **Nebel** auf.
An solchen Tagen blieb man am **besten** in seiner Wohnung
und **wärmte** sich an der **Heizung**.

Lösungen

© Verlag an der Ruhr · Postfach 10 22 51 · 45422 Mülheim an der Ruhr · www.verlagruhr.de · ISBN 978-3-8346-0179-7

Wortlistendiktat – *Ableitungen* (S. 24)

Gebäude	→ bauen,	ängstlich	→ Angst,	kämpfen	→ Kampf,
Bäcker	→ backen,	ungefähr	→ fahren,	unzählig	→ Zahl,
Päckchen	→ packen,	häufig	→ Haufen,	erzählen	→ zahlen,
sorgfältig	→ Sorgfalt,	träumen	→ Traum,	Häuser	→ Haus,
Sträucher	→ Strauch,	Gemäuer	→ Mauer,	Mäuschen	→ Maus,
Wälder	→ Wald.				

Lückendiktat – *Zeitformen* (S. 25)

Peter **geht** mit seinem Hund Bello **spazieren**. Der Hund **riecht** an vielen Pflanzen. Dann **treffen** die beiden Peters Freunde. Die Kinder **toben** mit dem Tier **herum**. Karl **wirft** einen Stock und Bello **rennt** hinterher. Er **nimmt** den Stock in sein Maul und **bringt** ihn zu Peter. Dieser **gibt** ihn seinem Freund Paul und **fragt**: „**Kannst** du auch so weit **werfen**?" Paul **antwortet**: „Natürlich **kann** ich das!" Er schleudert den Stock weit von sich. Der Hund holt den Ast zurück. Nun **will** Peter von seinen Freunden **wissen**: „Wann **müsst** ihr wieder nach Hause?" „Oh, wir **müssen** jetzt **loslaufen**", **antworten** die Jungen. Auch Peter **läuft** mit Bello heim.

Dosendiktat – *Ableitungen ä/e oder äu/eu?* (S. 27)

1. **Mäuse** sind **Säugetiere**.
2. **Leute bekämpfen** sich auf **gefährliche** Weise.
3. **Feuchtigkeit** und **Nässe** machen den **Menschen** im Winter zu schaffen.
4. Wir **ernähren** uns mit einer **Menge** gesunder **Nährstoffe**.
5. Manchmal hat man **hässliche Träume**, die man keinem **erzählen** möchte.
6. **Häufig erkennt** man die kleinen **Kopfläuse** erst **sehr spät**.
7. **Heute trägt** man keine **Pelzmäntel** mehr, weil sich der **Wert** eines **Tierlebens geändert** hat.
8. **Heute** hat mir ein **freundlicher Mensch** dabei geholfen, mein **Gemälde sorgfältig** auszumalen.
9. **Ängstlich denkt** man **häufig** an **Mäuse** und **Eulen**.
10. Hunde, die **bellen**, beißen **selten**, sind aber **dennoch gefährlich**!

Lösungen

© Verlag an der Ruhr · Postfach 102251 · 45422 Mülheim an der Ruhr · www.verlagruhr.de · ISBN 978-3-8346-0179-7

Bilddiktat 1 – **Zusammengesetze Nomen** (S. 28)

Zitronenlimonade/Zitronensaft
Zitronenkuchen
Zitroneneis
Zitronentee

Bilddiktat 2 – **Zusammengesetze Nomen** (S. 28)

Hundebürste
Hundehütte
Hundedecke
Hundeleine

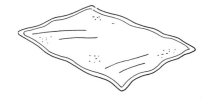 

Rätseldiktat 1 – **Zusammengesetze Nomen** (S. 29)

Lieblingspuppe
Lieblingssport
Lieblingsspiel
Lieblingshund

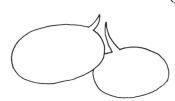 

Rätseldiktat 2 – **Zusammengesetze Nomen** (S. 29)

Stalllicht
Schifffahrt
Fetttropfen
Stofffetzen

Rätseldiktat 3 – **Zusammengesetze Adjektive** (S. 30)

1. Kissen ist blutrot.

2. Der Pudding schmeckt zuckersüß.

3. Meine Bluse ist schneeweiß.

4. Susis Haare sind nachtschwarz.

5. Der Kuchen ist honigsüß

6. Das Wasser ist eiskalt.

Lösungen

© Verlag an der Ruhr · Postfach 102251 · 45422 Mülheim an der Ruhr · www.verlagruhr.de · ISBN 978-3-8346-0179-7

Hördiktat/Lückendiktat – **Zusammensetzungen** *(S. 31)*

Der **Laubbaum** ist **haushoch** und **hellgrün**. Es macht Spaß,
in der **stockdunklen** Nacht am **totenstillen** Tierpark vorbeizugehen und zum **dunkelblauen** Fluss hinunterzulaufen.
Im **Frühherbst** färben sich manche Blätter **blutrot** und manche
dunkelgelb. Die **Parkbäume** werden **kunterbunt** und **wunderschön**.
Im **eiskalten** Winter tragen nur noch die **Nadelbäume tiefgrüne** Nadeln,
die von **Schneeflocken** bedeckt sind. Im Frühling zeigen sich wieder
zartgrüne Blättchen und **schneeweiße Blütenblätter**. Der Sommer
bringt **zuckersüße Steinfrüchte** und **kraftvolle** Farben.
Welche **Jahreszeit** findest du am **eindrucksvollsten**?

Säckchendiktat – **Doppelmitlaute** *(S. 32)*

wo**ll**en	lesen	sparen	Haufen
Wa**ss**er	dunkel	Ja**mm**er	Hi**mm**el
Schlo**ss**	da**nn**	Scha**tt**en	Rah**m**en
i**mm**er	Be**tt**	He**rr**	ke**nn**en
Träne	Su**pp**e	verge**ss**en	laufen
Tre**pp**e	Bri**ll**e	Be**s**en	leise
Lehrer	Ma**nn**	Schaf	Rei**s**e
re**nn**en	kö**nn**en	scha**ff**en	wi**ss**en

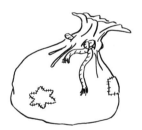

Wendediktat – **ck oder k?** *(S. 33)*

Die Schne**ck**e hat ein wir**k**lich schönes Haus auf ihrem Rü**ck**en und
kriecht damit nach lin**k**s und rechts. Rü**ck**wärts **k**ann sie nicht **k**riechen.
Unterwegs wird sie von einem **K**na**ck**en aufgeschre**ck**t.
Ein **K**ind hatte seine **K**ekse verloren. Da wurde die **k**leine
Schne**ck**e glü**ck**lich zum Feinschme**ck**er und setzte dann
in der Dun**k**elheit ihre Entde**ck**ungsreise fort. Dabei traf sie
ein Tier, das genauso langsam ist wie sie selbst.
Wen wohl? **Eine SCHILDKRÖTE!**

Lösungen

Würfeldiktat – **Wörter mit tz** *(S. 34)*

2. **Jetzt** kann ich den **Purzelbaum** ohne **Unterstützung**.
3. **Plötzlich** finden wir den **Schatz**.
4. **Erhitzt hetzen** wir zur Dusche.
5. Wenn der Lehrer kommt, **sitzen** wir **blitzschnell** auf unserem **Platz**.
6. Ich **schätze**, dass jeder im Winter **heizen** muss.
7. **Panzer** haben im Frieden keinen **Platz**.
8. Ein **Satz setzt** sich aus Wörtern zusammen.
9. Eine **Wanze** ist ein Tier, das man auch **Ungeziefer** nennt.
10. Wer verschläft, muss **blitzschnell** in die Schule **hetzen**.
11. Ein Sonnenschirm bietet **Schutz** vor der **Hitze**.
12. Die **Katze** schlägt mit der **Tatze** nach dem Sofa.

Schleichdiktat/Rätseldiktat – **ß-Wörter** *(S. 35)*

Löwen, Strauß, Bienen, Fische

Rätseldiktat – **Doppel-s** *(S. 35)*

trocken	→	**nass**
Liebe	→	**Hass**
merken	→	**vergessen**
offen	→	**geschlossen**
verhindern	→	**zulassen**
Anfang	→	**Schluss**
Vertrauen	→	**Misstrauen**

© Verlag an der Ruhr · Postfach 102251 · 45422 Mülheim an der Ruhr · www.verlagruhr.de · ISBN 978-3-8346-0179-7

Lösungen

© Verlag an der Ruhr · Postfach 10 22 51 · 45422 Mülheim an der Ruhr · www.verlagruhr.de · ISBN 978-3-8346-0179-7

Zeitendiktat – *Doppelmitlaute* (S. 36)

Grundform	Gegenwart	1. Vergangenheit	2. Vergangenheit
wissen	ich weiß	ich wusste	ich habe gewusst
essen	ich *esse*	*ich aß*	*ich habe gegessen*
sitzen	ich *sitze*	*ich saß*	*ich habe gesessen*
vergessen	ich *vergesse*	*ich vergaß*	*ich habe vergessen*

Grundform	Gegenwart	1. Vergangenheit	2. Vergangenheit
schießen	ich *schieße*	ich schoss	ich habe geschossen
gießen	ich *gieße*	*ich goss*	*ich habe gegossen*
beißen	ich *beiße*	*ich biss*	*ich habe gebissen*
fließen	es *fließt*	*es floss*	*es ist geflossen*

Grundform	Gegenwart	1. Vergangenheit	2. Vergangenheit
schließen	ich *schließe*	*ich schloss*	*ich habe geschlossen*
reißen	*ich reiße*	ich riss	*ich habe gerissen*
essen	*ich esse*	ich aß	*ich habe gegessen*
lassen	*ich lasse*	*ich ließ*	ich habe gelassen

Lösungen

© Verlag an der Ruhr · Postfach 10 22 51 · 45422 Mülheim an der Ruhr · www.verlagruhr.de · ISBN 978-3-8346-0179-7

Lügendiktat – *s-Laute* (S. 37)

1. Wi**ss**en ist Macht! → .... ☒ ja ☐ nein

2. Ein Strau**ß** ist kein Vogel. → .... ☐ ja ☒ nein

3. Eine Mau**s** ist größer als ein Nashorn. → .... ☐ ja ☒ nein

4. Eine Lau**s** ist eine Sü**ß**igkeit. → .... ☐ ja ☒ nein

5. Ein Pirat kann schie**ß**en und
   den Feind mit einem Schu**ss** töten. → .... ☒ ja ☐ nein

6. In einem Flu**ss** flie**ß**t Wa**ss**er. → .... ☒ ja ☐ nein

7. Es gibt Wa**ss**erstraßen. → .... ☒ ja ☐ nein

8. Wenn du dir hei**ß**e So**ß**e über
   die Finger gie**ß**t, macht das Spa**ß**. → .... ☐ ja ☒ nein

9. Schlie**ß**lich macht man
   Hau**s**aufgaben blo**ß** für den Lehrer. → .... ☐ ja ☒ nein

10. Wei**ß**e Wände gibt es nicht. → .... ☐ ja ☒ nein

11. Ohne Flei**ß** kein Prei**s**! → .... ☒ ja ☐ nein

12. Einen Rei**ß**verschlu**ss** kann man schließen. → ...... ☒ ja ☐ nein

Lückendiktat – *das oder dass?* (S. 38)

Das Tier, **das** mir am besten gefällt, ist ein Hund. Es stimmt nämlich, **dass** Hunde sehr gelehrig sind. Sie bringen **das** Stöckchen, **das** man wirft. Sie geben **das** Pfötchen, **das** man verlangt. Sie wollen, **dass** man sich mit ihnen beschäftigt. Sie können vieles lernen, **das** Menschen brauchen. Zum Beispiel gibt es Lawinenhunde, die im Schnee suchen, so**dass** Leben gerettet werden. in Hund kann **das** treuste Tier sein, **das** es gibt. Allerdings muss man es gut behandeln. Der Hund will, **dass** man täglich mit ihm spazieren geht. Es ist falsch, **dass** manche Leute ihren Hund schlagen.

Lösungen

© Verlag an der Ruhr · Postfach 10 22 51 · 45422 Mülheim an der Ruhr · www.verlagruhr.de · ISBN 978-3-8346-0179-7

Lügendiktat – *chs, cks, x, gs, ks* (S. 40)

1. Eine He**x**e kann auf einem Besen reiten. → .... ☒ ja ☐ nein
2. Ein Gewä**chs** ist ein Haus. → .... ☐ ja ☒ nein
3. Blindlin**gs** bedeutet: Man tut etwas ohne Nachdenken. → .... ☒ ja ☐ nein
4. La**chs** und Fu**chs** sind Fische. → .... ☐ ja ☒ nein
5. Eine A**xt** braucht man in einer Arztpra**x**is. → .... ☐ ja ☒ nein
6. Mit dem Mi**x**er schreibt
   man in der Schule die Note Se**chs**. → .... ☐ ja ☒ nein
7. Wenn man e**x**tra ein Ta**x**i nimmt,
   dann kommt man fi**x**er an. → .... ☒ ja ☐ nein
8. Eine Eide**chs**e kann Kle**cks**e in die Wolke machen. → .... ☐ ja ☒ nein
9. Einen Te**x**t sollte man immer so üben, dass
   man ihn mit rechts und lin**ks** schreiben kann. → .... ☐ ja ☒ nein

Smiley-Diktat – *chs, cks, x, gs, ks* (S. 41)

He**x**e	Pra**x**is	mitta**gs**	fi**x** ☺	A**chs**el
Gewä**chs**	Ta**x**i ☺	Kle**cks**	Fu**chs**	A**xt**
mi**x**en	blindlin**gs**	La**chs** ☺	unterwe**gs**	se**chs** ☺
e**x**akt	Ke**ks**	Eide**chs**e	Fa**x**	Te**x**t

Wortartendiktat – *ver- und vor-* (S. 43)

Zeitwort (Verb)	Namenwort (Nomen)	Zeitwort (Verb)	Namenwort (Nomen)
verlieren	→ Verlust	vorsehen	→ Vorsicht
vorgehen	→ Vorgang	vergessen	→ Vergesslichkeit
verbrennen	→ Verbrennung	vereinen	→ Verein
verletzen	→ Verletzung	verschmutzen	→ Verschmutzung
verpacken	→ Verpackung	verbieten	→ Verbot
vorfahren	→ Vorfahrt		

Lösungen

© Verlag an der Ruhr · Postfach 10 22 51 · 45422 Mülheim an der Ruhr · www.verlagruhr.de · ISBN 978-3-8346-0179-7

Säckchendiktat – *f oder v?* (S. 44)

verraten	**F**ernglas	**f**ertig	**F**erkel
fernsehen	**v**orgehen	**f**ordern	**v**orsichtig
folgen	**V**erbrennung	**V**erlust	**v**ergessen
Ferien	**v**ormachen	**V**orfahrt	**V**erletzung
Verbot	**V**ernunft	**V**erschmutzung	**V**erein

Lückendiktat – *f oder v?* (S. 44)

Vorsichtig müssen wir uns mit dem **F**ahrrad im **V**erkehr **v**erhalten. Bei der Radfahrprüfung muss man Vorfahrt achten und sollte sich nicht **v**erfahren. Also möglichst **v**iele **F**ehler **v**erhindern, sodass wir die Prüfung bestehen. Auch ein **v**erkehrssicheres **F**ahrrad gehört zur Sicherheit. **V**ernünftig ist es auch, öfter einmal seine **V**entile an den Rei**f**en zu überprü**f**en.

Wortartendiktat – **Dehnungs-h** (S. 45)

	Grundform		**Grundform**
er geht	→ **gehen**	es geschieht	→ **geschehen**
sie zieht	→ **ziehen**	er steht	→ **stehen**
sie sieht	→ **sehen**	es blüht	→ **blühen**
sie dreht	→ **drehen**	es weht	→ **wehen**

Lösungen

© Verlag an der Ruhr · Postfach 10 22 51 · 45422 Mülheim an der Ruhr · www.verlagruhr.de · ISBN 978-3-8346-0179-7

*Wortlistendiktat – **ie-Laut** (S. 47)*

fliegen → liegen, siegen, wiegen, kriegen, biegen

Brief → schief, tief, (er) rief, (er) schlief, (er) lief

ziehen → fliehen, knien

viel → Spiel, Ziel, Kiel

nie → sie, die, wie, Knie

Schiene → Biene

Fliege → Liege, Siege, Ziege

Sieb → Dieb, lieb, Hieb, (er) rieb

*Eigendiktat – **Verben mit -ieren** (S. 47)*

telefon**ieren**, skizz**ieren**, gratul**ieren**, spaz**ieren**, pass**ieren**, prob**ieren**, repar**ieren**, kap**ieren**, kass**ieren**.

*Lückendiktat – **alle i-Laute** (S. 48)*

Ein Schultag

Der Lehrer **diktierte** Wörter. Die Schüler **schrieben** mit und **skizzierten** danach einen **Tiger**, einen **Igel** und ein **Krokodil**. Danach **gratulierten sie** dem **Geburtstagskind**. Am Nachmittag **telefonierte** Susi mit Paul. Sie wollten dann **spazieren** gehen. Doch Paul musste mit seinem Vater eine **Maschine reparieren**. Susi **probierte** noch, **ihn** zu überreden. **Schließlich schrieb** sie einen **Brief** und **ging** dann ins **Kino** in einen **Film** über **Nilpferde**. Am Abend holte **sie sich** eine **Apfelsine** wegen der **Vitamine**. Dann **kriegte sie** noch **ihre Medizin** und legte sich auf **ihre Liege**.

Lösungen

© Verlag an der Ruhr · Postfach 102251 · 45422 Mülheim an der Ruhr · www.verlagruhr.de · ISBN 978-3-8346-0179-7

Rätseldiktat – **Doppelselbstlaute** *(S. 49)*

1. Am besten kämmst du deine **Haare** auf dem Kopf jeden Morgen.
2. Wenn Mann und Frau zusammen sind, werden sie ein **Paar**.
3. Ein anderes Wort für Ozean ist **Meer**.
4. Blumen wachsen im **Beet** im Garten.
5. Wenn ein Glas **leer** ist, dann ist nichts mehr darin.
6. Kleiner als der Ozean ist ein **See** oder ein Fluss.
7. Am Morgen trinkt man **Tee** oder **Kaffee**.
8. Wenn jemand einen guten Einfall hat, dann hat er eine gute **Idee**.
9. Mein Gewicht kann ich an der **Waage** ablesen.
10. Mit dem **Boot** fährst du aufs Meer hinaus.
11. Im Winter fällt **Schnee** vom Himmel.
12. Ein leckerer Obstkuchen ist mit Erd**beeren** belegt.
13. Eine gute **Fee** kann Wünsche erfüllen.
14. Ein sehr großes Zimmer nennt man auch **Saal**.

Gummibärchendiktat/Hördiktat – **Dehnungen** *(S. 50)*

→ Die **Kaffeemaschine**, das **Sieb**, der **Teefilter** und noch **mehr** Geräte **sieht** man in der Küche. *(oranges Gummibärchen)*

→ Der **Dieb** schleicht durch den großen **Saal** und **wühlt** im **Uhrenkasten** nach Schmuck, aber er **fühlt** nur eine **Apfelsine**. *(gelbes Gummibärchen)*

→ Im **Frühling blüht** alles, wenn die **Saat** aufgegangen ist. *(weißes Gummibärchen)*

→ **Viele** Menschen **lieben** es, am **Meer** oder am **See spazieren** zu gehen. *(rotes Gummibärchen)*

→ Im **Beet** wachsen **Erdbeeren**, die viele **Vitamine** und **Nährstoffe besitzen**. *(grünes Gummibärchen)*

Lösungen

© Verlag an der Ruhr · Postfach 102251 · 45422 Mülheim an der Ruhr · www.verlagruhr.de · ISBN 978-3-8346-0179-7

Lückendiktat – **Verwechslungswörter (1/2)** *(S. 51)*

weckst/wächst:

„Du **weckst** mich immer zu früh!", beschwert sich Klaus bei Mutter.
Im Gartenbeet **wächst** eine wunderschöne Rose.

Uhr/Ur:

Ich liebe meinen **Ur**opa! Meine **Uhr** zeigt gerade Schulbeginn an!

fiel/viel:

Peter **fiel** müde ins Bett. Zum Geburtstag bekam Peter **viel** Geld.

man/Mann:

Ein **Mann** kann eine Frau heiraten. In Deutschland muss **man** zur Schule gehen.

Namen/nahmen:

Paul und Hans **nahmen** in Englisch Nachhilfeunterricht.
Die **Namen** aller Kinder stehen in der Klassenliste.

Meer/mehr:

Wir baden im Sommer gerne im **Meer**.
Manche Menschen wollen immer **mehr** Geld.

Lückendiktat – **Verwechslungswörter (2/2)** *(S. 52)*

Rat/Rad:

Ein Sprichwort sagt: Guter **Rat** ist teuer! An diesem Auto fehlt ja ein **Rad**.

Bund/bunt:

Kräuter kann man in einem **Bund** kaufen. Im Sommer sind die Blumen **bunt**.

Gans/ganz:

An Weihnachten isst man oft **Gans**.
Ich bin **ganz** glücklich über mein Weihnachtsgeschenk.

Blüte/blühte:

Die Rose hat eine schöne rote **Blüte**. Im Winter **blühte** keine Tulpe im Garten.

sie/sieh:

Am Montag geht **sie** zur Arbeit. Petra ruft: „**Sieh** mal, ein Blitz!"

seid/seit:

Leo fragt seine Freunde: „**Seid** ihr schon eingeschlafen?"
Leo ist **seit** zwei Monaten im Tennisclub.

Lösungen

Satzzeichendiktat (S. 53)

Vater sagt:	„Du bekommst von mir immer 5 €, wenn du eine Eins schreibst."
Der Sohn antwortet:	„Können wir nicht klein anfangen? Gib mir einfach für jede Fünf einen Euro!"
Der Biolehrer will wissen:	„Warum enthält die Milch auch Fett?"
Peter antwortet:	„Ich vermute, damit die Euter beim Melken nicht quietschen."
Fragt Paul seinen Freund:	„Hattest du die Grippe auch so schlimm wie ich?"
Der Junge antwortet:	„Viel schlimmer, denn ich hatte sie in den Ferien!"
Sagt die Lehrerin zu Tim:	„Sieht das nicht wie die Schrift deines Vaters aus?"
Tim erwidert:	„Durchaus möglich, weil ich seinen Füller benutzt habe!"

Lügendiktat/Schleichdiktat – **Fremdwörter** *(S. 54)*

☒ Ich schiebe eine Diskette in meinen Computer.
☐ Ich schiebe eine Diskette in den Backofen.

☐ Ich schiebe das Handy in meinen Computer.
☒ Ich rufe Peter mit dem Handy in der Arbeit an.

☒ Paul liebt Erdbeerjogurt.
☐ Jogurt ist eine Fleischsorte.

☒ Mama kocht gerne Spagetti mit Soße.
☐ Die Mutter nimmt Spagettisoße zum Malen.

☒ In einer Bibliothek findet man viele Bücher in Regalen.
☐ In eine Bibliothek geht man zum Essen.

☒ Fast jedes Kind besitzt heute eine Jeans.
☐ Jeans ist eine Quarksorte.

☒ Sofa ist ein anderes Wort für Couch.
☐ Sessel ist ein anderes Wort für Couch.

☒ Die Leute, die zum Arzt gehen, nennt man Patienten.
☐ Patienten fahren mit dem öffentlichen Bus.

Literatur- und Internettipps

Bücher zum Thema „Rechtschreibung"

Assfalg, Klaus:
Rechtschreiben? Kein Problem! Arbeitsheft,
Schreibhefter. AS Medien, 1. Aufl. 2006.
ISBN 3-939677-03-5

Sommer-Stumpenhorst, Norbert/Hötzel, Martina:
Richtig schreiben lernen von Anfang an.
Methodenkompetenz, Differenzierte Förderung,
Lesen lernen Schritt für Schritt. Lehrer-Bücherei:
Grundschule. Cornelsen Verlag Scriptor, 2001.
ISBN 3-589-05064-0

Sommer-Stumpenhorst, Norbert:
Rechtschreiben lernen mit Modellwörtern.
Rechtschreibübungen bezogen auf einen Modell-
wortschatz. Cornelsen Verlag Scriptor, Aktual.
Aufl. 2006. *ISBN 3-589-05111-6*

Bücher zum Thema „LRS"

*Elgner, Ralf/Huppenbauer, Inge/Janson, Anja/
Merlau, Heike/Weigand, Petra:*
Damit LRS kein Problem wird!
Diagnose- und Fördermaterial Klasse 1 und 2.
Verlag an der Ruhr, 2006. *ISBN 3-8346-0181-0*

Raschendorfer, Nicole:
LRS-Legasthenie: Aus Fehlern wird man klug.
Förderdiagnostik auf der Basis freier Texte.
Verlag an der Ruhr, 2004. *ISBN 3-86072-917-9*

Unterrichtsmaterialien

Engelhardt, Anja:
**Methoden-Schule Deutsch. Rechtschreib-
strategien.** Rechtschreibung verstehen durch
Prinzipien und Regeln. Verlag an der Ruhr, 2004.
ISBN 3-86072-899-7

Grabe, Astrid:
**Methoden-Schule Deutsch. Arbeitstechniken
fürs Textverständnis.** Verlag an der Ruhr, 2004.
ISBN 3-86072-909-8

Steffen, Henriette:
**Methoden-Schule Deutsch. Gesprächsregeln
und Streitgespräche.** Verlag an der Ruhr, 2004.
ISBN 3-86072-900-4

Zeller, Martin:
Die Wörterbuch-Werkstatt. Kl. 2–4. Verlag an
der Ruhr, 2000. *ISBN 3-86072-493-2*

Internet

www.rechtschreib-werkstatt.de
Hier wird das Rechtschreibkonzept von Norbert
Sommer-Stumpenhorst dargestellt. Mit Seiten für
Lehrer und Seiten für Schüler.

www.ewetel.net/~thomas.fischer5
Diese Internetseite enthält Rechtschreibstationen
für den LRS-Förderunterricht, aber auch für die
ganze Klasse. Die Stationen beziehen alle Sinne
und beide Gehirnhälften ein.

www.ids-mannheim.de/reform/
Sämtliche Rechtschreibregeln finden Sie auf
dieser Website.

www.legakids.net
Tipps und Hilfe
bei Legasthenie.

*Die in diesem Werk angegebenen Internetadressen
haben wir geprüft (Stand: August 2008).
Da sich Internetadressen und deren Inhalte schnell
verändern können, ist nicht auszuschließen, dass
unter einer Adresse inzwischen ein ganz anderer
Inhalt angeboten wird. Wir können daher für die
angegebenen Internetseiten keine Verantwortung
übernehmen.*

© Verlag an der Ruhr · Postfach 10 22 51 · 45422 Mülheim an der Ruhr · www.verlagruhr.de · ISBN 978-3-8346-0179-7

Verlag an der Ruhr

Postfach 10 22 51,
45422 Mülheim an der Ruhr

Alexanderstraße 54,
45472 Mülheim an der Ruhr

Bitte richten Sie Ihre
Bestellung an:

Telefon 05 21 / 97 19 330
Fax 05 21 / 97 19 137

bestellung@cvk.de

Es gelten die aktuellen Preise
auf unserer Internetseite.

■ **30 Mutmach-Geschichten**
5–10 J., 99 S., 16 x 23 cm, Pb.
ISBN 978-3-8346-0485-9
Best.-Nr. 60485
12,80 € (D)/13,15 € (A)/23,– CHF

■ **30 Streitgeschichten**
5–10 J., 98 S., 16 x 23 cm, Pb.
ISBN 978-3-8346-0421-7
Best.-Nr. 60421
12,80 € (D)/13,15 € (A)/23,– CHF

■ **30 Geschichten für Geburtstagskinder**
5–10 J., 98 S., 16 x 23 cm, Pb.
ISBN 978-3-846-0369-2
Best.-Nr. 60369
12,80 € (D)/13,15 € (A)/23,– CHF

■ **111 Ideen für das 1. Schuljahr**
Vom ersten Schultag bis zum letzten Buchstabenfest
Kl. 1, 243 S., 16 x 23 cm, Pb.
ISBN 978-3-8346-0363-0
Best.-Nr. 60363
19,50 € (D)/20,– € (A)/34,20 CHF

■ **155 Rituale und Phasenübergänge**
für einen strukturierten Grundschulalltag
Kl. 1–3, 217 S., 16 x 23 cm, Pb.
ISBN 978-3-8346-0480-4
Best.-Nr. 60480
19,– € (D)/19,50 € (A)/33,30 CHF

■ **Kinder motivieren in 3 Minuten**
120 Übungen für alle Unterrichtssituationen
6–12 J., 184 S., 16 x 23 cm, Pb.
ISBN 978-3-8346-0418-7
Best.-Nr. 60418
17,80 € (D)/18,30 € (A)/31,20 CHF

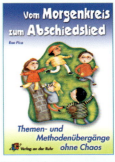

■ **Vom Morgenkreis zum Abschiedslied**
Themen- und Methodenübergänge ohne Chaos
5–10 J., 119 S., 16 x 23 cm, Pb.
ISBN 978-3-86072-968-7
Best.-Nr. 2968
15,80 € (D)/16,25 € (A)/27,60 CHF

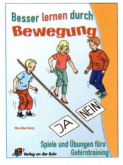

■ **Besser lernen durch Bewegung**
Spiele und Übungen fürs Gehirntraining
6–12 J., 208 S., 16 x 23 cm, Pb.
ISBN 978-3-8346-0417-0
Best.-Nr. 60417
18,50 € (D)/19,– € (A)/32,40 CHF

■ **Deutsch mit dem ganzen Körper**
60 Bewegungsspiele für alle Bereiche des Deutschunterrichts
Kl. 1–4, 98 S., 16 x 23 cm, Pb.
ISBN 978-3-8346-0481-1
Best.-Nr. 60481
12,80 € (D)/13,15 € (A)/23,– CHF

■ **Mathe mit dem ganzen Körper**
50 Bewegungsspiele zum Üben und Festigen
Kl. 1–4, 83 S., 16 x 23 cm, Pb.
ISBN 978-3-8346-0315-9
Best.-Nr. 60315
11,80 € (D)/12,15 € (A)/21,30 CHF

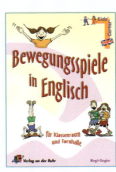

■ **Bewegungsspiele in Englisch – 1. Lernjahr**
Kl. 1–6, 102 S., 16 x 23 cm, Pb.
ISBN 978-3-86072-896-3
Best.-Nr. 2896
13,80 € (D)/14,20 € (A)/24,70 CHF

Keiner darf zurückbleiben!

Informationen und Beispielseiten unter
www.verlagruhr.de

■ Mit Fingern und Fäden
Einfache Textiltechniken –
Schritt für Schritt
6–10 J., 72 S., A4, Papph. (mit vierf. Abb.)
ISBN 978-3-8346-0375-3
Best.-Nr. 60375
19,50 € (D)/20,– € (A)/34,20 CHF

■ Bildbetrachtung – aktiv
90 Ideen für Grundschulkinder
6–10 J., 112 S., A4, Pb., vierfarbig
ISBN 978-3-8346-0299-2
Best.-Nr. 60299
19,50 € (D)/20,– € (A)/34,20 CHF

**■ Schule innen
schöner machen!**
Kunstprojekte für Kinder
6–12 J., 112 S., A4, Pb., vierfarbig
ISBN 978-3-8346-0494-1
Best.-Nr. 60494
21,– € (D)/21,60 € (A)/36,80 CHF

**■ Schule außen
schöner machen!**
Kunstprojekte für Kinder
6–12 J., 113 S., A4, Pb., vierfarbig
ISBN 978-3-8346-0495-8
Best.-Nr. 60495
21,– € (D)/21,60 € (A)/36,80 CHF

■ Wir fangen an zu lesen!
Individualisierte Materialien für den
Erstleseunterricht
Kl. 1–2, 73 S., A4, Papph.
ISBN 978-3-8346-0426-2
Best.-Nr. 60426
19,50 € (D)/20,– € (A)/34,20 CHF

**■ Das große
Wortarten-Poster**
mit Kopiervorlagen
Kl. 2–4, A0 Poster inkl. 16 S. Begleitheft A4,
in einer Aufbewahrungstasche
ISBN 978-3-8346-0368-5
Best.-Nr. 60368
13,50 € (D)/13,90 € (A)/24,30 CHF

■ Bio-Äpfel aus Peru?
Konsum- und Umwelterziehung
mit Grundschulkindern
Kl. 3–4, 64 S., A4, Papph.
ISBN 978-3-8346-0490-3
Best.-Nr. 60490
19,– € (D)/19,50 € (A)/33,30 CHF

**■ Natur-Entdeckungen
direkt vor der Schultür**
Arbeitsblätter, Experimente,
Beobachtungsaufgaben und Lehrerinfos
Kl. 3–4, 103 S., A4, Pb.
ISBN 978-3-8346-0489-7
Best.-Nr. 60489
19,80 € (D)/20,35 € (A)/34,70 CHF

**■ Kinder lernen Tiere aus
Feld und Wiese kennen**
Ein Arbeitsbuch mit Steckbriefen,
Sachgeschichten, Rätseln, Spielen
und Bildkarten
4–8 J., 169 S., A4, Pb. (mit vierf. Abb.)
ISBN 978-3-8346-0359-3
Best.-Nr. 60359
19,80 € (D)/20,35 € (A)/34,70 CHF

**■ Kinder lernen
Waldtiere kennen**
Ein Arbeitsbuch mit Steckbriefen,
Sachgeschichten, Rätseln, Spielen
und Bildkarten
4–8 J., 167 S., A4, Pb. (mit vierf. Abb.)
ISBN 978-3-8346-0244-2
Best.-Nr. 60244
19,80 € (D)/20,35 € (A)/34,70 CHF

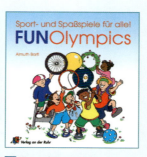

■ Fun-Olympics
Sport- und Spaßspiele für alle!
Für alle Altersstufen, 96 S., 21 x 22 cm,
Pb, vierfarbig
ISBN 978-3-8346-0411-8
Best.-Nr. 60411
16,50 € (D)/17,– € (A)/28,90 CHF

**■ 100 Zirkusspiele und
-improvisationen für Kinder**
4–12 J., 136 S., 16 x 23 cm, Pb.
ISBN 978-3-8346-0437-8
Best.-Nr. 60437
15,80 € (D)/16,25 € (A)/27,60 CHF

Keiner darf zurückbleiben!

Informationen und Beispielseiten unter
www.verlagruhr.de